すべての病気が防げる長生き歩き

どう歩けば
一番効くのか

東京都健康長寿医療センター研究所
「中之条研究」部門長（運動科学研究室長）
青柳幸利

X-Knowledge

はじめに
人生が変わる究極の歩き方

ほとんどの病気は歩くだけで予防することができる。「そんなバカな?」と思う人がいるかもしれません。これは長年の研究結果から得られた事実です。

筆者らは、群馬県中之条町の住民の健康状態を20年以上にわたって調査しました。この調査は「中之条研究」と呼ばれ、現在も継続中です。ちなみに、中之条町は筆者の故郷であり、多くの住民のみなさんの協力を得て行われました。

健康状態を調べるには、食事の内容、睡眠時間などさまざまありますが、なかでも重要なのが運動(身体活動)です。

普段どのくらい体を動かしているかを示す指標の1つに、歩数があります。よく健康のために「1日1万歩」くらい歩くとよいといわれていますが、1万歩であろうが、1万5000歩であろうが、いくら歩数を増やしても、病気の予防にはそれほど効果が期待できません。

そこで、筆者らが着目したのが、**身体活動の強度**です。普通に歩くのは低強度、速く歩くのは中強度、ランニングのように走るのは高強度の身体活動です。

そして、歩数とともに中強度活動の時間がどのくらいかによって、どんな病気が予防できるかがわかってきました。

中之条研究では、加速度センサーを用いた身体活動計という機器を、中之条町の高齢者に装着してもらい、1日に何歩歩いているか、中強度活動の時間はどれくらいかを調査し、病気との関係を分析しました。

その結果、1日の歩数が8000歩、そのうちの20分が中強度活動であれば、高齢者に多い**高血圧や糖尿病、骨粗しょう症、認知症、一部のがん、脳卒中、心臓病などが予防できる**ことがわかりました。

よく8000歩とは別に中強度活動20分が必要だと誤解する人がいるのですが、中強度活動20分は8000歩の中に含まれます。

たとえば1時間以上かけて8000歩歩く場合、そのうち20分を中強度活動にあたる速歩きにすればよいのです。本書ではこれを「8000歩／速歩き20分」または「8000歩／中強度活動20分」と表記しています。

8000歩／中強度活動20分（速歩き20分）は、これまで「歩き方の黄金律」などと表記してきましたが、今回はよりわかりやすいように、「長生き歩き」としました。**長生きしたいなら、1日8000歩／速歩き20分を毎日続けましょう**、というのが本書の提案です。

「1日1万歩」がどのような根拠に基づいていわれているのかわかりませんが、講演などで、筆者が健康を維持するためには「1日1万歩歩くより、8000歩のほうがよい」と伝えると、多くのみなさんに驚かれます。しかし、この数字は筆者らの20年以上にわたる研究結果から導き出されたものです。もちろん、この8000歩には速歩き20分が含まれますが、歩数に関してはそれ以上歩いても、病気を予防する効果は頭打ちになることが判明しています。

加齢とともに老化が進み、体力や筋力は低下していきます。でも、老化の進み方には個人差があります。

老化の進み方を速い人と遅い人に分ける大きな要因の1つに運動習慣がありま す。運動を意識的に行っている人は老化の進み方が遅い傾向が見られます。

８０００歩／中強度活動20分は、老化の進み方を遅らせる運動であり、加齢とともに増えてくる病気を予防します。

いろんな病気が予防できれば、寿命も延びます。まさに「長生き歩き」というわけです。歩くのに特別な用具は必要ありません。運動不足を感じていて、何か運動を始めたいと思っているなら、長生き歩きを始めてみてください。

歩くことは、あらゆる心身の不調を遠ざけて、人生を豊かにしてくれるもっとも簡単で効果的な方法なのです。ぜひ本書で紹介する長生き歩きを実践してみてください。

青柳幸利

目次

第1章 歩くだけで寿命は延びる

第2章

長生き歩きだけでほとんどの病気が防げる

第3章

歩くだけでがんも防げる

第4章

病気にならない歩き方

第5章

歩きと腸活で病気予防効果が倍増

●装丁　田中俊輔
●編集協力　福士斉
●編集　加藤紳一郎
●本文デザイン　平野智大（マイセンス）
●イラスト　小林孝文（アッズーロ）
●印刷　シナノ書籍印刷

第1章

歩くだけで寿命は延びる

1日1万歩歩いても健康にはなれない

歩数だけでなく歩くスピードが重要

みなさんは健康のために歩いていますか?

歩くことが健康によいというのは、みなさん理解していることでしょう。スマホの歩数計アプリを用いて、毎日どのくらい歩いているかをチェックしている人も多いのではないでしょうか。

では、どうして歩くことが健康によいのでしょうか?

それは、**歩行能力が体力や健康を反映しているから**です。

日常生活であまり歩かない生活を続けていると、だんだん体力が落ちてきます。そんな生活が健康によくないのは異論がないことでしょう。

実際、歩行能力の低下が進んだ人は、病気になりやすく、長生きできません。これは筆者らの研究はもちろんのこと、さまざまな医学的な研究でわかっている事実です。

では、どのくらい歩いたら健康によいのでしょうか。

健康のために歩くことを習慣にしている人の多くが意識しているのは、「歩数」ではないでしょうか。

確かに歩数は大事です。よく「1日1万歩」が健康によいといわれています。本書の読者にも、1日1万歩を目標に歩いている人がいるのではないでしょうか。

しかし、漫然と歩数だけを意識してダラダラ歩き続け、1万歩を達成したとしても、それだけでは健康になれません。

もちろん、歩数はとても大事です（どのくらい歩けばよいのかは後でくわしく述べます）。**実は、歩数と同じくらい大事なことがあります。それは歩くスピード（歩行速度）です。**

歩行速度は年齢とともに遅くなることがわかっています。加齢による歩行速度の低下は、高齢者の歩行能力を評価する指標の1つです。

出不精になるのは筋力低下が原因かも？

年をとると脚の筋力が落ちてくる

個人差はありますが、年をとると誰でも歩行速度が低下します。なぜなら、加齢とともに筋肉量が減少していくからです。

歩くための筋肉はおもに「脚の筋肉」です。実は、**全身の筋肉のなかで、脚の筋肉は量的にも質的にも減少・低下しやすい**ことがわかっています。

左ページのグラフは、腕と脚の筋肉量の推移を比較したものです。20歳の筋肉量を１００として、加齢とともに筋肉量が減少していくことを示しています。腕の筋肉量に対し、脚の筋肉量が大幅に減少していることがはっきりわかると思います。

筋肉量のピークは20歳頃といわれていて、そこから加齢とともに、筋肉量は減少していきます。とくに脚の筋肉量の減少は腕に比べてスピードが速く、定年退職する60歳を過ぎる頃からガクンと落ちてきます。

加齢にともなう腕と脚の筋肉量の推移

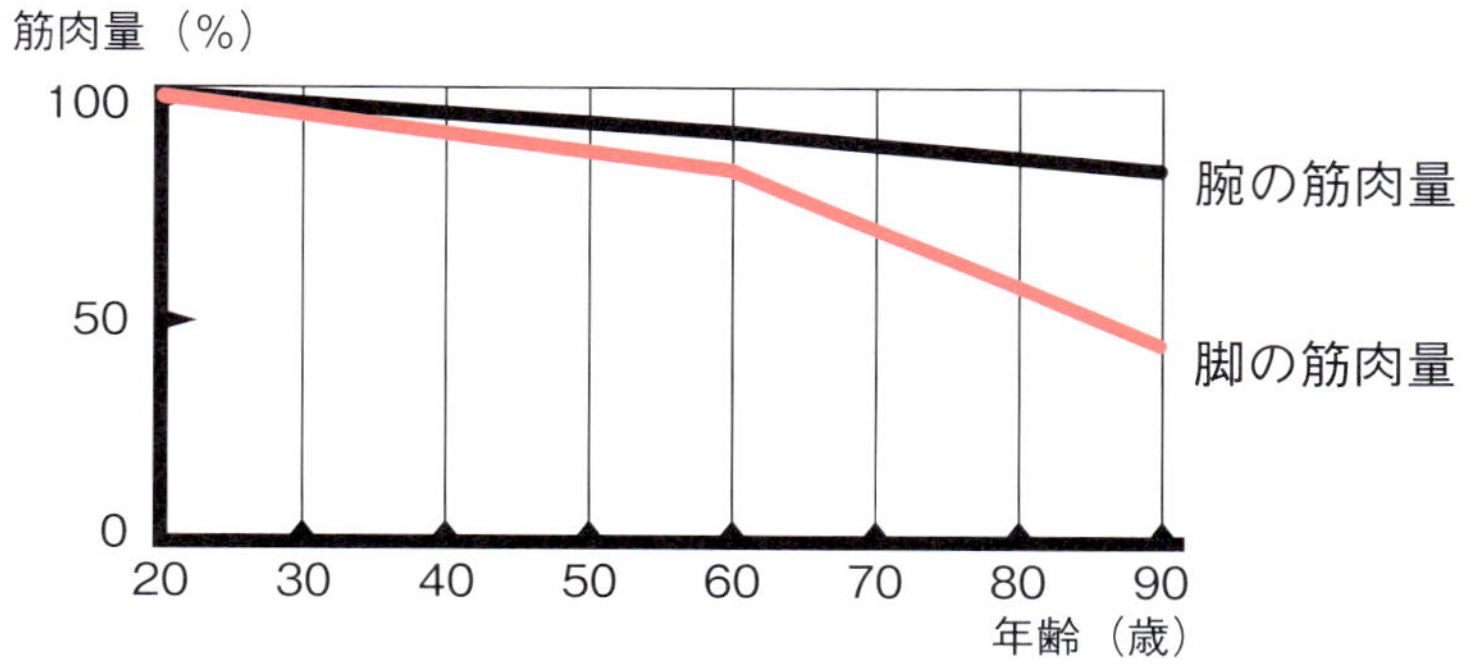

※中之条研究のデータ分析より

そして、**70歳では30%くらい筋肉量が減少**し、**筋力低下（足腰の衰え）**を強く自覚するようになるといわれています。

脚の筋力低下のイメージをわかりやすくいうなら、歩くのがめんどうになってくるということです。

40代、50代の頃までは、気軽にあちこち出歩いていた人が、60歳を過ぎる頃から出不精になったとします。こういう人は、脚の筋力低下が進んでいる可能性があります。

歩くのがめんどうになると、歩く機会が減ります。すると、さらに筋力が低下し、ますます歩かなくなります。この負のスパイラルによって、脚の筋力低下が進んでいくのです。

加齢とともに歩行速度は遅くなる

高齢者は横断歩道が赤になる前に渡りきれない

加齢にともなう脚の筋力低下によって、歩行速度は遅くなっていきます。これを身近な例で考えてみましょう。

左ページの図は、高齢者が普段の速さで、歩行者専用信号機のある横断歩道を渡ったときを示しています。

日本の交差点では、1秒間に1メートル歩くことを標準にして、青信号の時間が設定されています。

この図の場合、道路の幅が10メートルとなっているので、10秒で渡りきれるなら、安全に渡ることができます。

しかし、**（後期）高齢者は10秒で渡りきることができません。**筆者らの研究では、80歳を超えると、渡りきる寸前に信号が赤に変わってしまうことがわかりました。

高齢者における通常歩行速度と信号機付き横断歩道の関係

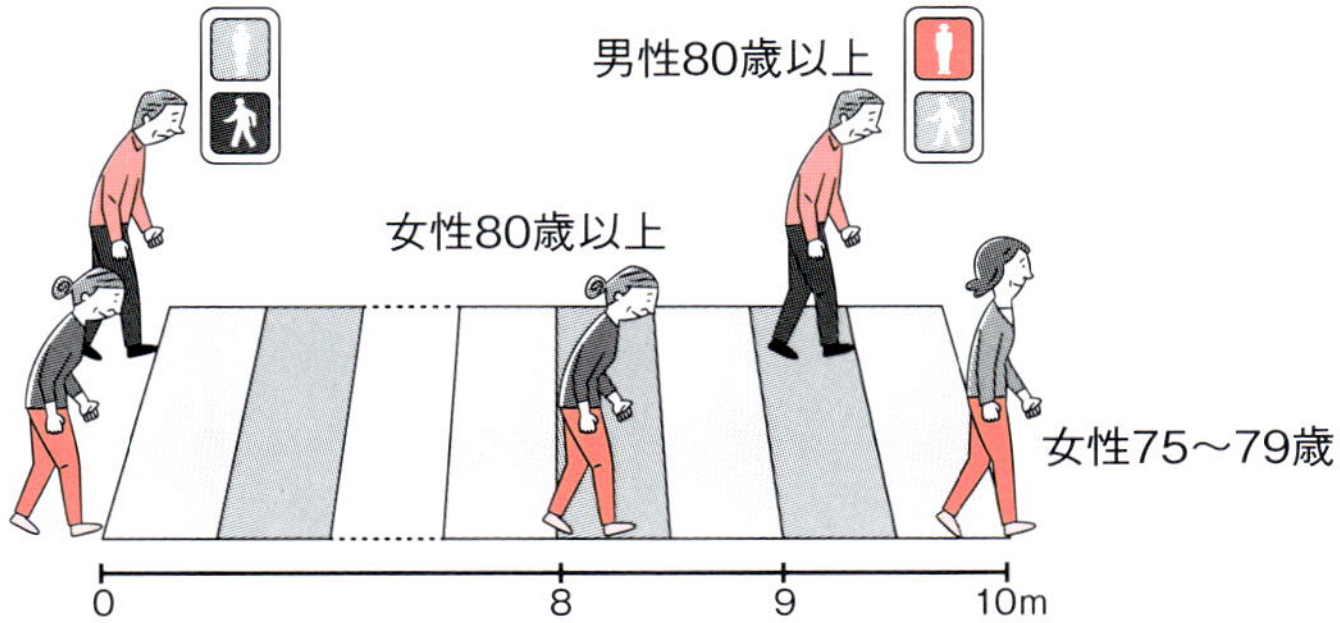

※出典:青柳幸利「高齢者における歩行機能の重要性:老化のメカニズムと予防法」

なお、この図の男性（80歳以上）は、普段の歩行速度の最遅値（一番遅い値）ではなく、平均値を基にしています。

それが何を意味するのかというと、70歳代でも（60歳代でも）、普段よりも急いで歩かないと信号が赤に変わってしまうケースがあるのではないかということです。

一般に、**歩行速度は女性のほうが男性よりも遅い**ので、女性の場合、渡りきれない人が、男性よりも多くなります。

赤信号に変わる前に渡りきれないことが続くと、外を歩くことに自信がなくなり、外出を避けるようになります。その結果、筋力低下がさらに進行すると考えられます。

日常の歩行は長距離型の筋肉しか使わない

足腰の衰えは短距離型の筋力の低下が原因

歩行速度が遅くなる原因は、筋肉量の減少による筋力低下だといいましたが、もう少しくわしく見ていくことにしましょう。

私たちの体には、約400個の筋肉（骨格筋）があります。それぞれの筋肉は、筋線維と呼ばれる細長い線維状の細胞が束になってできています。

筋線維には大きく分けて、**「長距離型」の筋線維と「短距離型」の筋線維の2種類**があります。

長距離型の筋線維は赤黒く見えるので「赤筋」、短距離型の筋線維は色が薄いので「白筋」とも呼ばれます。これを魚に置き換えてみましょう。

回遊魚のマグロやカツオは、つねに泳いでいないと生きていけません。そのため、赤身魚には長距離型の赤筋が多く、魚肉が赤く見えるのです。

一方、タイやヒラメなどの白身魚は、普段はあまり泳がないので、短距離型の白筋が多く、魚肉は白く見えます。

人間の場合も同じです。長距離型は動きが遅いけれども持久力がある筋肉です。これに対し、短距離型には2つのタイプ（AとB）があります。動きは速いけれどもすぐに疲れてしまう短距離型Bと、長距離型と短距離型Bの中間にあたる短距離型Aです。短距離型Aは動かす速さと力の両方に比較的すぐれています。

ゆっくり歩くときに使われるのは長距離型の筋肉です。そこから走って運動強度が増していくと、短距離型のAとBが順次それに加わります（23ページ参照）。

高齢者の日常生活では、短距離型の筋肉が使われることが少ないので、使われなくなった短距離型の筋肉は萎縮し、筋肉量が減っていきます。

その結果、脚の筋肉が目に見えて細くなり、横断歩道を渡るなど、いざというときに速く歩けなくなってしまうのです。

逆にいうと、**高齢者も短距離型の筋肉を積極的に使うことで、足腰の衰えを防ぐことができる**ということになります。

「健康長寿の10カ条」とは？

足腰が丈夫な人は健康で長生き

東京都健康長寿医療センター研究所が長期にわたって集めたデータを、さまざまな観点から分析してまとめられた結果に基づいて作成されたのが、左ページに掲載している「健康長寿の10カ条」です。

第1条の「血清アルブミン」とは、血液中に見られるたんぱく質の一種です。血清アルブミン値は栄養状態を反映することが知られていて、食事で十分な栄養がとれていないと、この値は低くなります。**血清アルブミン値の高い高齢者ほど、寿命は長い**ことがわかっています。

第2条の血清総コレステロール値は死亡率と密接に関係していて、65〜74歳では「高すぎず、低すぎず」（適正値は男女で異なる）の人の総死亡率がもっとも低いことがわかっています。しかし、75歳以上では男女とも血清総コレステロール値によ

健康長寿の10カ条

①血清アルブミン値が高い	⑥太り方は中くらい
②血清総コレステロール値は高すぎず、低すぎず	⑦タバコを吸わない
③足腰が丈夫である	⑧お酒は飲みすぎない
④主観的健康感がよい	⑨血圧は高すぎず、低すぎず
⑤短期の記憶力がよい	⑩社会参加が活発である

※出典:青柳幸利「高齢者における歩行機能の重要性:老化のメカニズムと予防法」

る死亡のリスクは低くなります。

第3条の「足腰が丈夫である」は、年をとればとるほど重要になってくる健康長寿の条件であるといえます。

具体的にいえば、歩行速度が落ちないように足腰の筋力を維持することです。

最近の研究では、歩行速度は将来の健康度や自立度に関係することがわかっています。

速く歩ける高齢者ほど、知的活動や社会参加などの能力を含む日常生活機能が低下しにくいこと、また転倒や骨折、寝たきりになることも少なく、**健康寿命が長くなる傾向がある**ようです。

「速く」「力強く」を意識して歩く

運動強度を上げて筋力低下を防ぐ

歩行速度を落とさないためには、短距離型の筋肉を積極的に使うことが有効だと述べました。

しかし、ただ歩くだけでは短距離型の筋肉は使われません。この筋肉を使うためには、**「速く」「力強く」を意識して歩くことがポイント**です。

速さや力強さを意識して歩くと、運動強度が増します。このとき、体は酸素をたくさん取り入れようとします。

歩く速さをどんどん上げていくと、息が上がってハアハアしますね。それだけ、酸素をたくさん必要としているのです。

左ページのグラフは運動強度を最大酸素摂取量（個人が摂取できる酸素の単位時間あたりの最大量）に対する割合で示しています。筋力を落とさないためには、運動強度を上げる必要があります。

筋肉の種類と使われ方

最大酸素摂取量に基づく身体活動・運動の強度と、働く筋線維の割合との関係

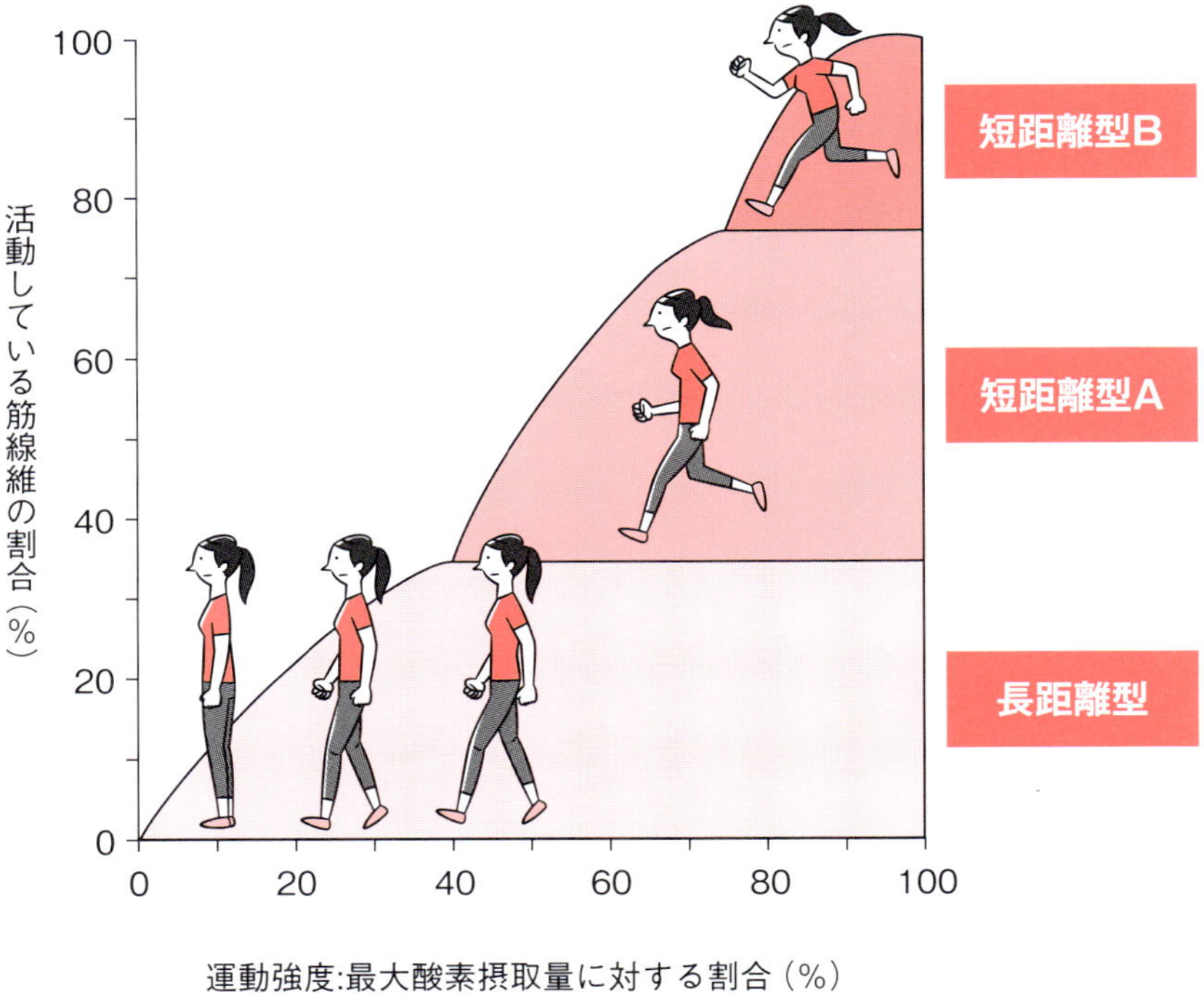

※出典:青柳幸利「高齢者における歩行機能の重要性:老化のメカニズムと予防法」

20分の速歩きが中強度活動になる

長生き歩きは8000歩／中強度活動20分

速く歩くと運動強度が上がります。歩きながらなんとか会話できるくらいの速さは、中強度活動にあたります。健康長寿のためには、この中強度活動（速歩き）を日常生活に取り入れることが重要です。

健康のためにウォーキングをしているなら、その中に中強度活動を取り入れることが大事だということです。

では、長生きしたい人は1日に何歩歩けばよいのでしょうか。その中で、どのくらい中強度活動を取り入れればよいのでしょうか。そこで、筆者らの研究で明らかになった「長生き歩き」をここで定義しておくことにしましょう。

まず、**歩数は1日8000歩**です。それ以上歩いても、健康効果に大きな差はないことが明らかになっています。

長生き歩きとは、1日に 8000歩／中強度活動（速歩き）20分

※8000歩のうち速歩きの時間が20分以上あればよい。8000歩以外に20分の速歩きをする必要はない。歩き（ウォーキング）以外の中強度活動（42ページ参照）を20分以上行っている場合は、速歩きをしなくてもよい

次に**中強度活動ですが、1日20分**です。8000歩のうち20分を速歩きすることで達成できます。

つまり、長生き歩きとは1日「8000歩／中強度活動20分」です。これを毎日続ければ、老化や病気を防ぎ、健康長寿が実現できるでしょう。

健康のためのウォーキングでは、よく速歩きが推奨されていますが、速歩きがどのくらいの時間必要なのかを示したデータは、筆者らの研究以外で見たことがありません。

たとえば、1時間速歩きを続けたら、普段運動していない人は疲れてしまいます。でも、20分なら誰でもできます。

24時間、365日の身体活動データを調べた

5000人の高齢者を調査した中之条研究

群馬県北西部に中之条町（群馬県吾妻郡）という町があります。この町の65歳以上の全住民5000人を対象に行われているのが「中之条研究」です。2000年から20年以上にわたって行われています（現在も継続中）。

対象となった5000人には、日常の運動頻度や時間、生活の自立度、睡眠時間、食事などに関するアンケート調査を行いました。

このうち2000人には、血液検査や遺伝子解析を行い、さらにそのうち、1000人には身体活動計（歩数と運動強度を測定する機器）を1日24時間、1年365日装着してもらい、身体活動状況を把握しました。

身体活動計は定期的に回収されて、1日に18時間（かつ朝7時から夜7時までのうち9時間）以上装着していること、1年に9カ月（約270日）以上装着しているという条件を満たす場合のみ分析の対象としました（95％が分析対象）。

「中之条研究」の概要

高齢者の「24時間、365日の身体活動量」と疾病発症の
関係などを「住民を対象とした疫学調査」によって研究

「奇跡の研究」と呼ばれた中之条研究

病気にならない本当の歩き方がわかった

中之条研究では、同じ地域の住民を長期にわたって調査したことで、住民たちの身体活動と健康の関係性がはっきりと示されることになりました。このような研究はあまり例がありません。そのため、中之条研究の成果は「奇跡の研究」「中之条の奇跡」とも呼ばれています。

この研究の最大の成果は、1日の歩数と中強度活動時間に対する病気の関係が明らかになったことです。

歩数だけを見ると、**1日8000歩が、病気の予防効果がもっとも高く**、それ以上歩いても効果はほとんど変わりません。つまり、これまでよくいわれていた「1日1万歩」にはあまり根拠がないということになります。

ただ、**8000歩を漫然と歩いても病気は予防できません。**なぜなら、中強度活動が含まれていないからです。

これは身体活動計を用いた調査で初めてわかったことです。身体活動計を365日装着してもらうことで、1日の歩数と中強度活動時間の関係が明らかになります。その結果、**歩数と中強度活動時間が増えるにつれて、いろんな病気の予防効果が高まることがわかりました。**

たとえば、「4000歩／中強度活動5分」では、うつ病が予防できます。「5000歩／中強度活動7・5分」では、認知症や心疾患、脳卒中などの病気が防げます。「7000歩／中強度活動15分」では、がん、動脈硬化、骨粗しょう症、便秘が防げます。

そして「8000歩／中強度活動20分」では、高血圧症や糖尿病、脂質異常症などの病気が予防できます。つまり**「8000歩／中強度活動20分」で、高齢者がかかりやすいほとんどの病気が予防できる**というわけです。

これらの病気が予防できれば、死亡のリスクも下がります。これが「8000歩／中強度活動20分」を「長生き歩き」と命名した根拠です。

運動習慣のある人は食事の内容もよい

よく歩く人は栄養も十分とれている

健康長寿は**歩くこと（運動）**だけでは達成できません。もう1つ、大事な要素があります。それは**普段の食事（栄養）**です。

中之条研究に参加している高齢者は、定期的に血液検査を受けています。その検査項目の1つに**血清アルブミン値**があります。

「健康長寿の10カ条」のところで述べましたが、血清アルブミンは血液中のたんぱく質の一種で、栄養素や食べたものの代謝物質を体のすみずみまで運ぶ働きをしています。そのため**血清アルブミン値は、低栄養になっていないかどうかを調べる指標**として用いられているのです。

一般に、**血清アルブミン値が高い高齢者ほど健康で長生きする可能性が高い**と報告されています。

そこで、住民の身体活動量と血清アルブミン値との関係を調べたところ、歩数が

1日7000〜8000歩以上、中強度活動が1日15〜20分以上の身体活動を行っている人は、血清アルブミン値がもっとも高いことがわかりました。

血清アルブミン値が高い人は、普段の食事で栄養をバランスよくとっていると考えられます。

中之条研究では、インタビュー調査により食事の内容も調べています。そこから、身体活動量と食事との関係についても分析していますが、ここでも**1日7000〜8000歩以上で、そのうち中強度活動が15〜20分以上の高齢者は、食事のバランスがよいことがわかりました。**

具体的には、高齢者の健康によいといわれている魚介類や大豆・大豆製品（豆腐や納豆など）、牛乳・乳製品などを十分とっています。また、調味料を控えめにするなど減塩を心がける理想的な食生活を送っていることがわかりました。

日頃から運動して健康に気をつかっている人は、食事にも気をつかっているのでしょう。よく体を動かすと食欲も旺盛になるので、自然とさまざまな種類の食品を食べる結果になっているとも考えられます。

健康意識が高い人は病院にあまり行かない

身体活動計をつけるだけで医療費が下がった

長生き歩き（8000歩／中強度活動20分）を継続していけば、多くの病気が予防できます。つまり、長生き歩きをしている人は、医者にかかることが少なくなるということです。

中之条研究で行われた調査の1つですが、身体活動計を装着するだけで、医療費が下がることがわかっています。

身体活動計を装着した人とそうでない人の医療費を調べたところ、**1カ月で約1万7000円の医療費が削減**できることがわかりました。

これは身体活動計を装着して生活することで、自身の健康に対する意識が高まるからだと考えられます。

健康意識が高い人が増えることによって、大きく見れば国民全体の医療費の削減にもつながってくるというわけです。

群馬県中之条町の1人あたりの医療費（70〜74歳）

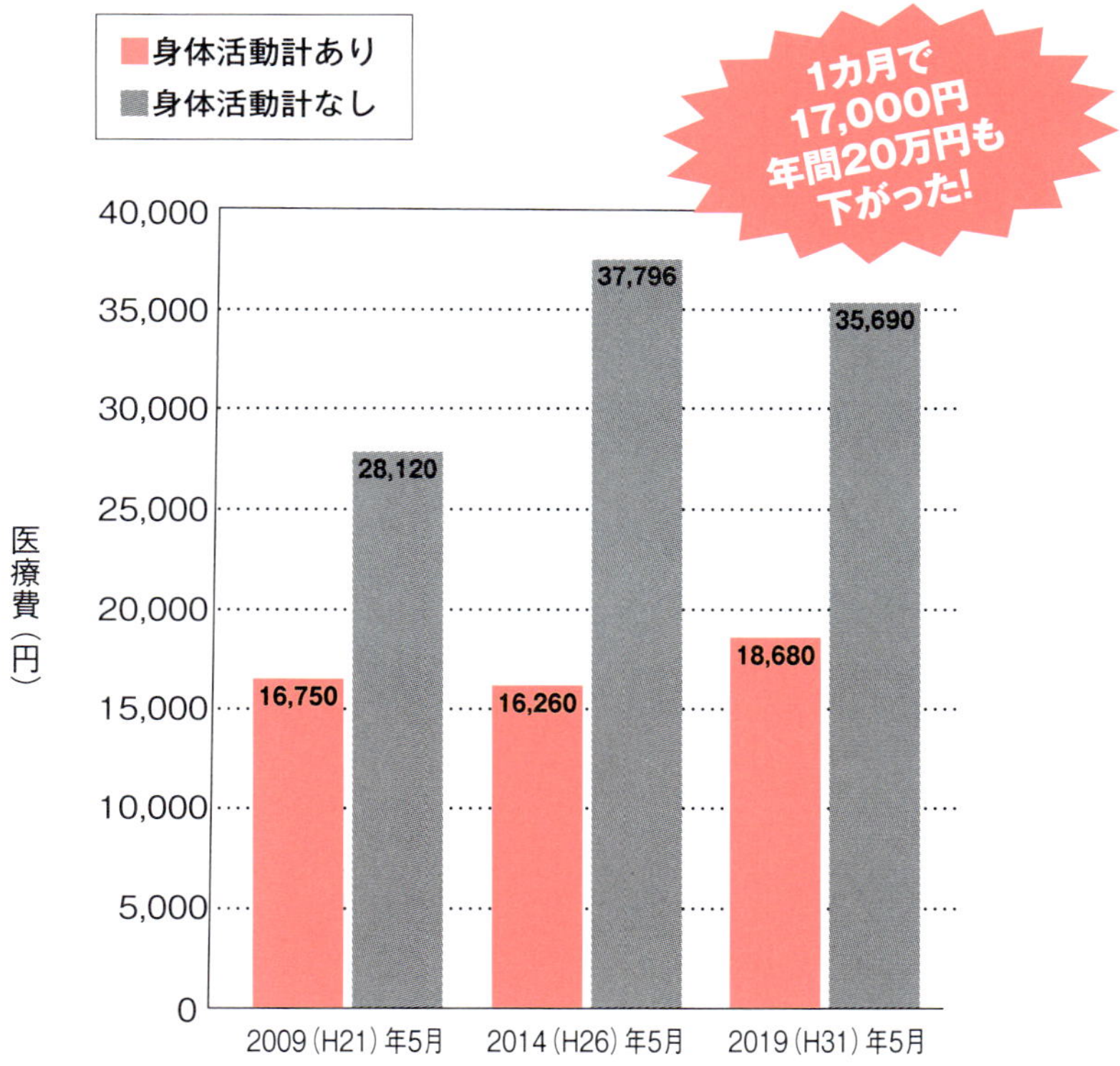

※出典:青柳幸利監修「中之条研究20年のまとめ　健康長寿の秘訣は“歩き方の黄金律”にあった」

惨憺たる健康診断の結果で目が覚めた

筆者があわててウォーキングを始めた訳

筆者が中心になって始めた中之条研究であり、８０００歩／中強度活動20分の効果もわかっていながら、自分ではやろうとしていませんでした。

健康診断を10年くらい受けない時期もありました。その当時、研究のために群馬県中之条町にひんぱんに出かけていたこともあって、東京にある勤務先の健康診断を何年もすっぽかしていたのです。

中之条研究は、65歳以上の高齢者を対象にした研究ですから、まだ50歳代半ばの自分には関係ないと慢心していたのかもしれません。

健康診断を受けようと思ったのは、父親と母親が1年のうちに亡くなったことが理由の1つにあります。

医者の不養生といえばそれまでですが、親が生きているうちは人ごとだと思っている人が多いのではないでしょうか。親が元気なうちは、健康のことを考えるのはまだまだ先だと思ってしまうのかもしれません。筆者の場合、両親が亡くなって、急に危機感が襲ってきたのです。

その兆候も感じていました。筆者は喘息の持病があり、ステロイドの吸入薬を予防のために服用しています。

ところが、吸入薬を服用しているにもかかわらず、喘息の発作が治まらない時期が1～2年続いていたのです。

虫の知らせというか、嫌な予感もありました。そこで、ひさしぶりに健康診断を受けることにしたのです。

結果は惨憺《さんたん》たるものでした。尿検査では尿糖が4+、血液検査では糖尿病の指標であるヘモグロビンA1cが8・2（基準値は6・2未満）、脂質異常症の指標の1つである中性脂肪が1412（基準値は150未満）もありました。とんでもない数値です。このままでは体を壊してしまうと思い、あわててウォーキングを始めることにしたのです。

ウェアとシューズを買って歩き始めた

わずか3カ月で検査結果がすべて改善！

健康診断の数値を見たとたん、このままではいけないと思い、その日のうちにスポーツウェアとウォーキングシューズを買いに行きました。

やる気を出すには、**形から入るというのも1つの方法**です。そして、その日から歩き始めました。

すでに、8000歩／中強度活動20分がもっとも適切な歩き方であると、中之条研究で実証されていましたが、筆者はそれ以上歩いていました。歩数は1万5000歩以上、そのほとんどの時間を速歩きしていたので、中強度活動時間も1時間以上あったと思います。

歩き始めて1週間くらいたったとき、インフルエンザにかかって寝込んでしまいました。原因は明らかに運動のやりすぎです。

運動のやりすぎは免疫力を低下させて、感染症にかかりやすくなることが知られ

筆者の検査数値

	歩く前	3カ月後	基準値	単位
中性脂肪	1412	68	34~150	mg/dℓ
ヘモグロビンA1c	8.2	6.1	4.6~6.2	%
尿糖	4+	−	−（マイナス）	
尿たんぱく	+−	−	−（マイナス）	

ています。

アスリートは風邪をひきやすいといわれますが、これは日々のハードなトレーニングにより、免疫力が低下していることが原因だと考えられています。

筆者はそれもわかっていたので、それからは長生き歩き（8000歩／中強度活動20分）を目安に歩くようにしました。

3カ月後の定期健診では、前回高かった数値がすべて正常になっていました。

担当医から「何かされましたか？」と聞かれたので、「歩きました」と答えました。

わずか3カ月で数値が改善されたので、担当医も驚いたのでしょう。

ジムに通ってもたいした運動にはならない

健康長寿のための運動は歩くだけで十分！

長生き歩きを3カ月続けただけで、筆者の危険な数値はすべて改善されました。

それ以来、長生き歩きはほとんど毎日続けていますが、再び数値が悪化することはありません。

あくまで筆者の個人的な体験にすぎませんが、長生き歩きで多くの病気が予防できることは、中之条研究で証明されています。

自分の健康に不安を感じている人は、ぜひ今日から長生き歩きを始めてほしいと願っています。

高齢者は運動しないと、**体力**も**筋力**も**低下**し、いろんな病気にかかったり、**寝たきり**になったりして、寿命を縮めてしまいます。

60歳代以降の人であれば、自身の体力の低下を自覚している人も多いのではないでしょうか。

「長生き歩き」で多くの病気が予防できると
中之条研究で証明されている

健康のために何か運動をしなければ、と思って、ジムに通いたいという人がいるかもしれません。

でも、ジムで週1〜2回、1回につき30分〜1時間くらい運動しただけでは、必ずしも健康長寿にはなれません。それにジムに通うとお金もかかります。

それよりは、毎日歩いたほうが効果的です。道具もせいぜいウォーキングシューズ（スニーカーでよい）ぐらいなので、ほとんどお金もかかりません。

病気予防や健康維持のための運動は、歩くだけで十分です。ただし歩き方は長生き歩きでなければなりません。1日8000歩で、そのうち20分は速歩きします。これだけで、健康長寿のための運動になるのです。

歩数も大事ですが、それ以上に重要なのは速歩き（中強度活動）です。8000歩の中に、20分の中強度活動を含めることによって、健康長寿が約束されるのです。

第2章

長生き歩きだけで ほとんどの病気が防げる

モップがけ掃除も中強度活動になる

中強度活動は速歩きだけではない

健康長寿のために歩くなら、歩数だけでなく中強度活動が重要であることを前章で説明しました。

これ以上続けることができない全力の状態が最大強度活動で、中強度活動はその半分くらいの強度の活動です。

活動の強度が増すと、体はより多くの酸素を取り入れようとします。前章で最大酸素摂取量について述べましたが、最大酸素摂取量の40～60%を体内に取り込んで行う身体活動が中強度活動です。

速歩きも中強度活動ですが、それ以外の場面でも、私たちはさまざまな中強度活動を行っています。

たとえば、スポーツの習慣がある人なら、**ほとんどのスポーツは中強度、もしくはそれ以上の強度をもつ活動**にあたります。

また日常生活でも、階段の上り下りや掃除、重い荷物を持って歩くときなど、知らないうちに中強度活動を行っています。

身体活動の強さを表す単位に「メッツ」があります。座って安静にしている状態が1メッツで、普通に歩く（15分で1㎞のペース）のは3・3メッツ、速歩き（15分で1・4㎞のペース）が4・3メッツ、ジョギング（途中、歩きながら）は6メッツの運動強度に相当します。

次の見開きページに、どんな活動が何メッツくらいになるのかをまとめた表（3～7メッツ）を掲載したので、普段行っている活動が何メッツくらいなのかをチェックしてみるとよいでしょう。

長生き歩きの中強度活動時間は20分です。この20分は1日のトータルで達成できればよいので、速歩きができなかった場合でも、日常生活のさまざまな動きを少し意識するだけで確保できます。たとえば、毎日20分、モップがけ掃除などの中強度活動を行っている人なら、それとは別に速歩きする必要はありません。

日常生活の行動における活動強度

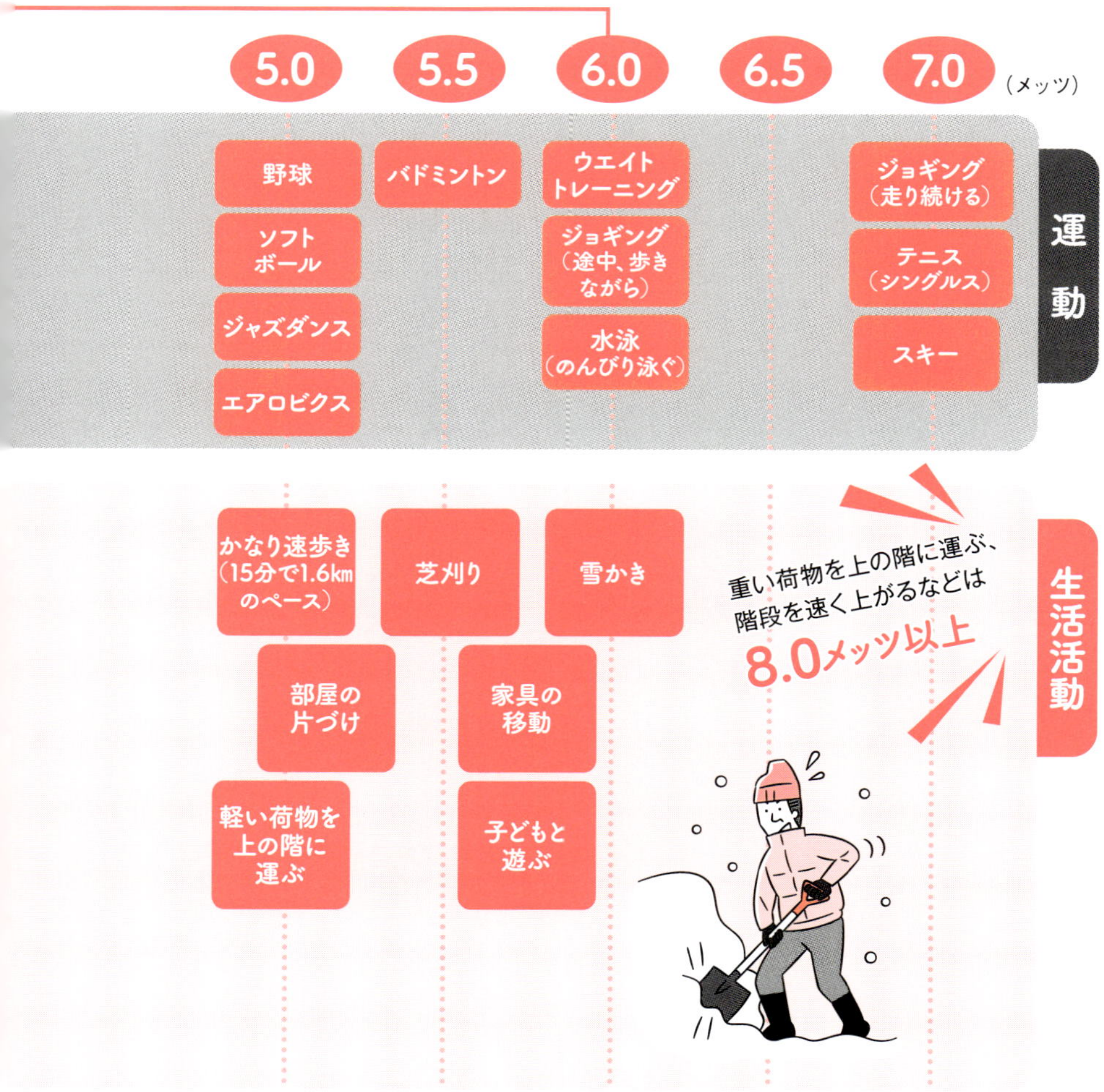

3〜6メッツが中強度活動

3.0	3.3	3.5	4.0	4.3	4.5
太極拳		ゴルフ（カートに乗って）	卓球	ゴルフ（クラブを自分で運ぶ）	水中歩行
社交ダンス（ゆっくり）			バレーボール		テニス（ダブルス）
			ラジオ体操第1		ラジオ体操第2
家財道具の片づけ	歩行（15分で1kmのペース）	軽い荷物運び	自転車	速歩き（15分で1.4kmのペース）	農作業・耕す
子どもを抱える	掃き掃除	風呂掃除	レジャー		
犬の散歩	スポーツ観戦	階段を下りる	自宅での介護		
		草むしり	階段を上がる		

※出典:(独) 国立健康・栄養研究所「改訂版　身体活動のメッツ(METs) 表」

会話ができる速歩きが中強度

中強度活動は年齢によって異なる

前述したように、中強度活動は最大酸素摂取量の40～60％の活動ですが、この範囲に相当する行動の種類は年齢や体力によって異なります。

体力や筋力が低下した高齢者では、若い人より軽い日常行動・動作でも中強度活動になるということです。

左ページに、年齢別の中強度活動の目安をイラストにしてまとめたので、参考にしてください。

自分にとっての中強度を知る方法があります。**なんとか会話ができる速歩きを意識して、1分間あたり120歩（1秒間に2歩）のペースで歩きます。これを3分間続けてみると、自分の中強度の目安を知ることができます。**

そのまま続けて歩き、鼻歌が歌えるのであれば低強度、会話ができない場合は高強度になります。

年齢別の中強度活動の目安

登山やスロージョギング、テニスやスキー、エアロビクスなどの運動

農作業、やや重い家事、速歩きやラジオ体操、水中歩行などの運動

掃き掃除、軽い作業、階段を下る、速歩き、自転車(自力)に乗るなど

ゆっくり階段を上がる、荷物を持って歩く、料理、洗濯などの家事

※出典:青柳幸利監修「中之条研究20年のまとめ　健康長寿の秘訣は“歩き方の黄金律”にあった」（一部改変）

中強度活動時間がひと目でわかる

身体活動計があればとても便利

どんな活動が中強度活動にあたるのか、いろいろ述べてきましたが、それが一発でわかる方法があれば便利ですね。それがあるのです。

それは中之条研究で、対象となる高齢者のみなさんに装着してもらった身体活動計です。

万歩計のような装置ですが、身体活動計は歩数だけでなく、中強度活動も計測できます。装置に内蔵されている加速度センサーが、体にかかる振動や衝撃を検知して、その結果が画面に中強度活動時間や速歩の歩数として表示されます。

身体活動計は、研究のための特殊な装置ではなく、**市販もされているので、誰でも入手可能**です。

「活動量計」という商品名のものが多いようですが、筆者が監修した商品もいくつかのメーカーから発売されています。「活動量計」と、「青柳幸利監修」などのキー

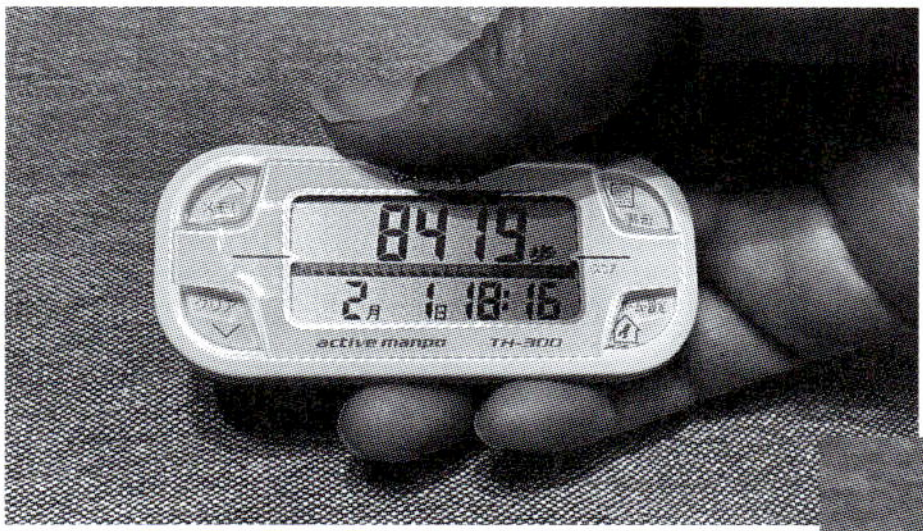

市販の活動量計（身体活動計）の歩数表示。左の人は、この日8000歩以上歩けているので、長生き歩きの歩数は達成できている

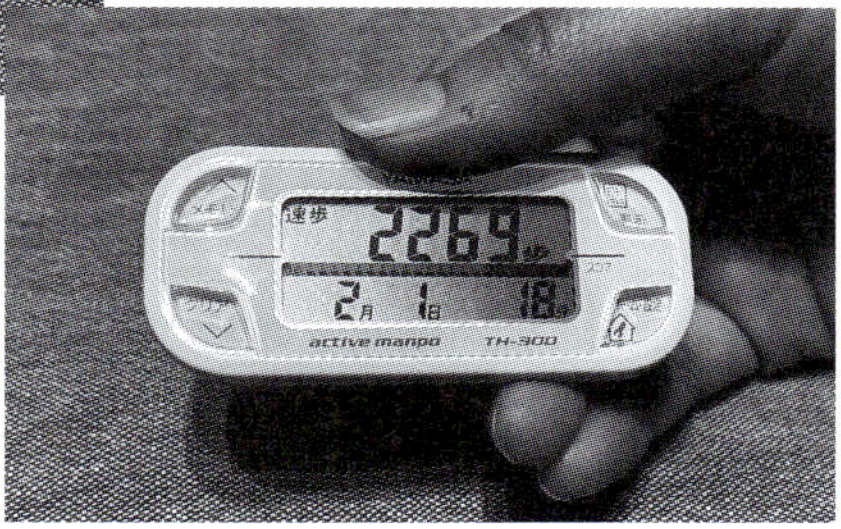

この活動量計は、速歩（速歩き）の歩数と時間が出るタイプ。この人は平均して1000歩を約10分のペースで歩くので、速歩数が2269歩とやや少なく（中強度活動は18分）、速歩き（中強度活動）20分が達成できていない（ことになる）

ワードで検索すれば見つけられます。

市販の活動量計は、**スポーツ用品店**や**家電量販店**などで購入できます。血圧計や体重計などのヘルスコーナーに置かれている場合が多いようです。

もちろん、**インターネット通販**でも購入できます。

なお、前章で紹介したように、**身体活動計を装着して生活するだけで、医療費が年間20万円下がった**というデータもあります。

必ず購入してくださいとはいえませんが、これを装着すれば、1日にどれだけ中強度活動を行ったかがひと目でわかるので、おすすめしたいと思います。

鼻歌が歌える速さはまだ低強度

中強度活動になる速歩きとは？

身体活動計（活動量計）の購入金額は、商品や販売店（インターネット通販を含む）によって異なりますが、**数千円程度**です。

筆者としてはぜひおすすめしたいアイテムですが、読者のみなさんは、長生き歩きの効果がある程度感じられるようになってから購入したい、という人が多いかもしれません。

歩数に関しては、スマホの無料アプリが利用できます。すでに歩数の計測のために、スマホのアプリを使っている人も多いと思います。1日8000歩が達成できたかどうかはこれで確認できます。

では、1日20分の中強度活動ができたかどうかを把握するにはどうすればよいのでしょうか。

速歩きで中強度活動20分を達成するには、先ほど述べた会話ができるかどうかの速さを目安にするとよいでしょう。

鼻歌が歌えるくらいの速さでは、まだ中強度には至っていません。**なんとか会話ができるくらいの速さが中強度**です。

これをまず**3分間続けます。**そこからさらに歩き続け、会話がなんとかできる速度をキープし、**20分続ける**のです。

前述したように、鼻歌が歌えるのは低強度、会話ができないのは高強度なので、会話ができるかどうかを目安に速さを調整してください。

何度かこのペースで歩いてみれば、どのくらいが自分にとって中強度の歩き方なのかわかってくるでしょう。

また第4章でくわしく述べますが、速歩き（中強度活動）20分は、休まず続けなくても大丈夫です。

10分ずつ2回に分けてもよいですし、5分ずつ4回に分けて行っても効果はほとんど変わりません。

歩きと病気の関係がよくわかる

中之条研究の最大の成果とは？

長生き歩き（８０００歩／中強度活動20分）は、病気になるかどうかの分かれ目です。そのことがひと目でわかるのが左ページの図です。この図は、中之条研究によって導き出された**1日あたりの歩数**と**中強度活動時間**との関係を表しています。

１日の歩数と中強度活動時間が、真ん中の太いラインに近いほど、病気の予防効果があります。歩数と中強度活動時間が増えるほど、予防できる病気も増えることがわかるでしょう。

この研究によって１日８０００歩のうち**中強度活動（速歩き）を20分行うことが多くの病気を予防し、健康長寿につながる最善の方法であることが証明**されました。中之条研究が「奇跡の研究」と呼ばれるようになったのは、このことを明らかにしたからなのです。

1日あたりの歩数と中強度活動時間に対する病気の関係

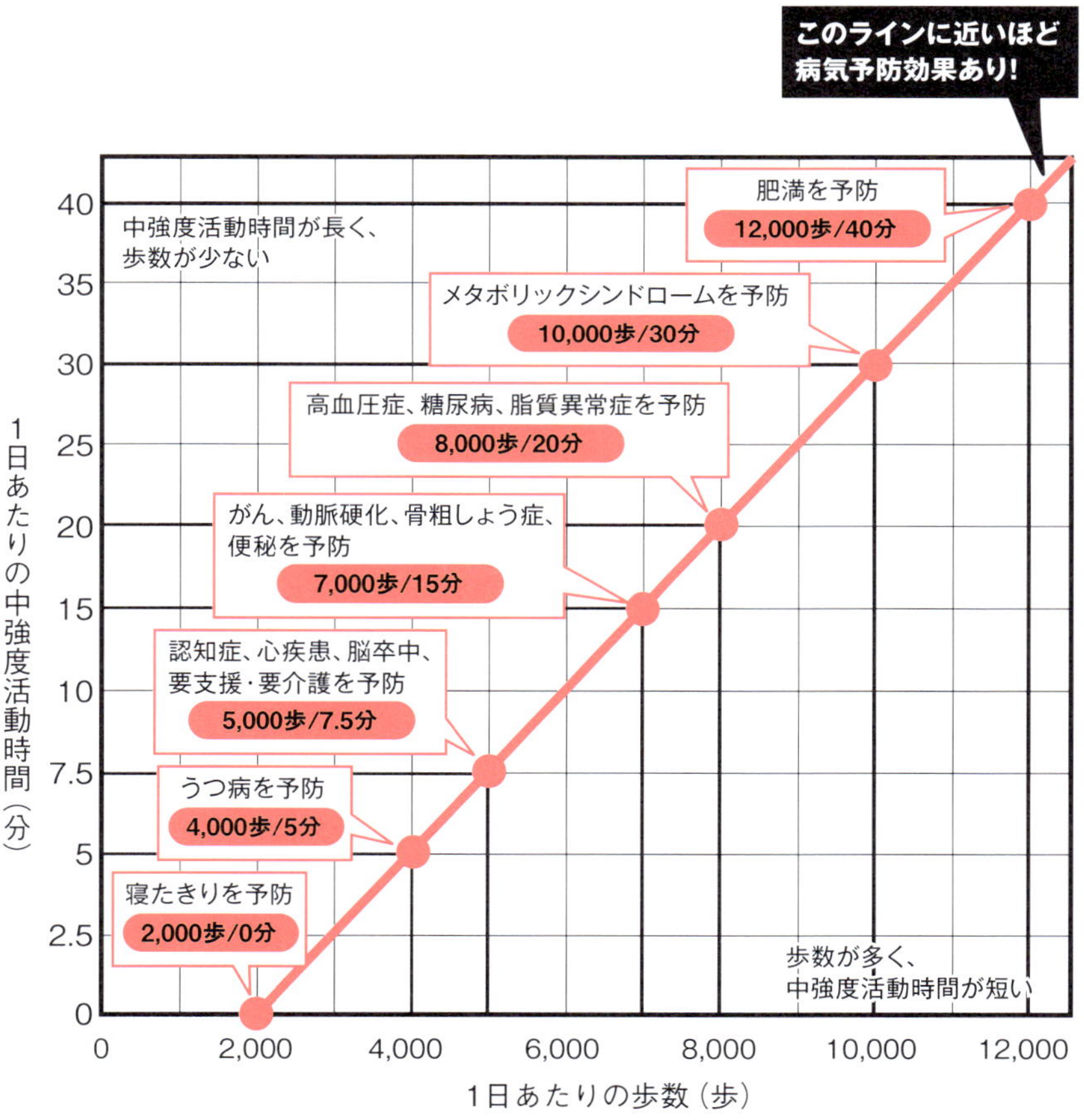

※出典:中之条研究レポート

若い人でも病気の誘発につながる

2000歩で寝たきりが防げる

前ページの図にしたがって、歩数と中強度活動時間と予防できる病気の関係をよりくわしく見ていくことにしましょう。

まず、1日2000歩で中強度活動0（ゼロ）分の場合です。1日に2000歩も歩いていないというのは、外出をほとんどせず、1日の大半を家の中で過ごしている人が想像できます。

体力や筋力が衰えた高齢者では、このような人は決して珍しくありません。歩かない生活を続けていると、やがて家の中を歩くのも困難になり、寝たきりになってしまうリスクがあります。

そんなにたくさんは歩けなくても、寝たきりになるのだけは避けたいものです。そんな人は、**まず2000歩を目指しましょう。**

体力が落ちて外に出るのがおっくうな人でも、家の中で歩く時間を増やすことは

寝たきりを防ぐ

1日2000歩／中強度活動0分

活動目標の目安

10分ほどの外出（〜1000歩）

＋

家事などの作業（できるだけ行う）

可能です。

たとえば、**トイレに行くときに遠回りをしてみたり、足踏みをする時間をつくったりすることで、歩数は増やせます。**

テレビのリモコンとか、身の周りのものを取るとき、誰かに頼んでいたのであれば、自分で動いて取るようにしましょう。

今はまだ若く健康な人でも、**1日2000歩未満の人**は注意しなければなりません。筋力が弱まるだけでなく、運動不足によるさまざまな病気の誘発につながります。

年齢に関係なく、1日の歩数が2000歩未満の人は、まず2000歩以上を目指しましょう。

外出しないと達成できない歩数

4000歩／中強度活動5分でうつが改善

歩数を4000歩まで増やし、そのうち中強度活動を5分にすると、**うつ病**が予防・改善できます。

中之条研究で、うつ病になった人の身体活動計データを分析したところ、歩数も中強度活動もほとんど足りていないことがわかりました。

1日の歩数が4000歩未満、かつ中強度活動をほとんどしていない人で、気分がすぐれないと感じているなら、うつ病のサインかもしれません。

うつの人は閉じこもり（引きこもり）がちで、ほとんど外出しません。外に出ないと、1日4000歩を歩くのはむずかしくなります。

また外出しないと速歩きができないので、中強度活動を行う機会も少なくなってしまいます。

うつ病の予防や改善には、**適度に日光を浴びることが有効**です。**20分程度外出す**

うつ病を防ぐ

1日4000歩／中強度活動5分

活動目標の目安

20分ほどの外出（1000〜2000歩）

＋

家事などの作業（2000〜3000歩）

るだけでも、効果があります。

4000歩以上歩くとなれば、外出しなければまず達成できないので、日光（紫外線）の健康効果も期待できます。

また外出すると、人とのコミュニケーションの機会も増えます。

外出先で誰かとちょっとした会話をするだけでも、うつ病の予防や改善に効果が期待できるでしょう。

さらに、**5分くらいでも中強度活動を行うことができれば、体温が上昇するので、よく眠れるようになります。**

それによって、規則正しい生活ができるようになり、活動意欲も増してくるのです。

心筋梗塞や脳卒中の発症率も下がる

5000歩／中強度活動7・5分で認知症が防げる

歩数と中強度活動時間をさらに増やし、5000歩／中強度活動7・5分になると、**認知症や心疾患、脳卒中が防げます。**

中之条研究では、1日5000歩／中強度活動7・5分以上を行っている人と、それ未満の人では、認知症や心疾患、脳卒中の発症率に明らかな差があることがわかりました。

加齢にともなって歩かなくなると、足腰の筋力が低下するだけでなく、脳細胞が不活性化されることもわかっています。これが認知症を引き起こす原因の1つとされています。

また、心筋梗塞などの心疾患や、脳梗塞などの脳卒中は、後遺症が残ると、支援や介護が必要な生活になってしまいます。

実際のところ、認知症や心疾患、脳卒中になると、要支援・要介護のリスクが高

認知症、心疾患、脳卒中、要支援・要介護を防ぐ

1日5000歩／中強度活動7.5分

活動目標の目安

30分ほどの外出（2000〜3000歩）

＋

家事などの作業（2000〜3000歩）

まることがわかっています。

これに対して、1日5000歩／中強度活動7.5分で、要支援・要介護が予防できることが中之条研究で明らかになりました。

健康寿命とは、支援も介護もなしで日常生活を送ることができる期間のことです。

健康長寿を実現したい人にとっては、1日5000歩／中強度活動7・5分がボーダーラインとなるでしょう。

なお、心疾患や脳卒中は高齢者に多く、死亡につながるおそれのある病気です。健康で長生きしたいのであれば、最低でも1日5000歩／中強度活動7・5分を日々の習慣にしてほしいと思います。

動脈硬化、骨粗しょう症、便秘も防げる

7000歩／中強度活動15分でがんを予防

中之条研究では、7000歩／中強度活動15分以上の人は、それ未満の人に比べて、**がんの有病率が格段に低い**ことがわかりました。

がんについては、第3章でくわしく説明しますが、**がん予防**のボーダーラインが、7000歩／中強度活動15分であることを覚えておいてください。

また、7000歩／中強度活動15分を境に、この活動閾値を超えると**動脈硬化**や**骨粗しょう症**、**便秘**の発生率が低くなることも、中之条研究でわかりました。

血管の老化ともいわれる動脈硬化が進むと、**心疾患**や**脳卒中**が起こりやすくなります。しかし、7000歩／中強度活動15分で動脈硬化が予防できれば、心疾患や脳卒中のリスクは低下します。

骨粗しょう症は、骨の中がスカスカになって、骨の強さ（骨強度）が低下する病気です。骨粗しょう症になると、骨が折れやすくなります。

がん、動脈硬化、骨粗しょう症、便秘を防ぐ

1日7000歩／中強度活動15分

活動目標の目安

50分ほどの外出（3000〜5000歩）

＋

家事などの作業（2000〜4000歩）

高齢者が骨粗しょう症になって骨折すると、それがきっかけで、寝たきりになってしまうこともあります。

骨折による寝たきりを防ぐためにも、骨粗しょう症を予防してもらいたいものです。

便秘で悩んでいる人も多いと思います。便秘は不快なだけでなく、大腸がんをはじめ、さまざまな病気のリスクを高めることがわかっています。

7000歩／中強度活動15分を達成するためには、外出の機会を増やすことがポイントです。そして、**外を歩くときは、速歩き（中強度活動）を習慣にしましょう。**

8000歩／中強度活動20分で生活習慣病が防げる

次はいよいよ長生き歩き、8000歩／中強度活動20分です。これ以上の人は、高血圧症、糖尿病、脂質異常症になりにくいことがわかりました。

本書の読者の中にも、高血圧症と診断された人がいるかもしれません。しかし中之条研究では、1日8000歩／中強度活動20分以上を行っていた人の中で、高血圧症が発症した人はほとんどいませんでした。

高血圧症が発症するか、そうでないかの分かれ目が、1日8000歩／中強度活動20分であるというわけです。

高血圧症とともに代表的な生活習慣病と呼ばれる糖尿病も脂質異常症も、1日8000歩／中強度活動20分になると発症率が下がることがわかりました。

これらの生活習慣病を放置すると動脈硬化が進行し、心疾患や脳卒中のリスクが上がります。

高血圧症、糖尿病、脂質異常症を防ぐ

1日8000歩／中強度活動20分

活動目標の目安

1時間ほどの外出（4000〜6000歩）

＋

家事などの作業（2000〜4000歩）

生活習慣病を予防すれば、こうした死亡リスクの高い多くの病気を防ぐことにもつながります。

生活習慣病の予防や改善に運動が効果的であることはよく知られています。生活習慣病と診断されて、医師から運動をすすめられた人も多いのではないでしょうか。

生活習慣病を防ぐための運動はウォーキング、すなわち歩くだけで十分です。

その歩数と中強度活動時間が「８０００歩／速歩き（中強度活動）20分」ということになります。

これを目標に、長生き歩きを習慣にしていきましょう。

20分以上の速歩きで脂肪燃焼効果が高まる

1万歩／中強度活動30分でメタボが改善

８０００歩／中強度活動20分は、ほとんどの病気の分かれ目です。**この歩数と中強度活動（速歩き）の時間で多くの病気が予防できる**ことが、中之条研究の結果からわかりました。

ただ、もう少し歩いたほうがよい人もいます。それは健康診断でメタボリックシンドローム（以下、メタボ）の判定を受けた人です。

メタボで血圧や血糖、中性脂肪などの数値が上がると、高血圧症や糖尿病、脂質異常症のリスクが高まります。

メタボの改善には、１００００歩／中強度活動30分が必要です。メタボの原因は体脂肪（内臓脂肪）なので、この脂肪を落とさなければなりません。そのためには、１日１００００歩、そのうち30分を速歩きにする必要があるのです。

さらに、肥満の解消やダイエットを目的とする場合は、１日１２０００歩／中強

メタボを防ぐ

1日10000歩／中強度活動30分

活動目標の目安

1時間20分ほどの外出（6000〜8000歩）

＋

家事などの作業（2000〜4000歩）

度活動40分とします。

ちょっとキツいかもしれませんが、早くやせたいと思う人は、このレベルをがんばって続けましょう。

メタボや肥満の予防を目的に歩く場合は、中強度活動を20分以上連続して行うと体温が上がって効果が高まります。

つまり速歩きするときは、途中で休みを入れないで、20分以上続けるということになります。

20分以上速歩きをすると、脂肪燃焼効率が高まり、メタボや肥満の改善効果が出やすくなります。**早く体脂肪を落としたい人は、できるだけ休まずに速歩きをしましょう。**

テロメアの伸長により細胞分裂の回数が増えて寿命が延びる

2カ月続ければ長寿遺伝子が活性化

長寿遺伝子（サーチュイン遺伝子）という遺伝子があります。誰でももっている遺伝子ですが、長生き歩き（1日8000歩／中強度活動20分）を2カ月続けると、この**遺伝子が活性化されることが、中之条研究で間接的に証明**されました。

長寿遺伝子は、飢餓状態のときに活性化される遺伝子です。そのため、食べるものに困らない現代では、ほとんどの人の長寿遺伝子は眠ったままになっているとされています。

この眠ったままの長寿遺伝子は、**長生き歩き（とくに中強度活動20分）を2カ月続けることで、スイッチが入ることがわかっています。**ですから、長生き歩きをこれから始める人は、まずは2カ月続けてほしいと思います。

また、長生き歩きを続けると、テロメアの長さが短縮せずに維持されやすいことも複数の研究で明らかになっています。

長生き歩きの効果を高める6つのポイント

① 8000歩のうち20分は速歩きに

買い物や家の中での歩行など無意識に行うものも含め、1日8000歩を目指す。そのうち20分は中強度活動（速歩き）にする

② 会話がなんとかできる速さで歩く

なんとか会話ができる速さで歩く速歩きは、最大酸素摂取量の40～60%に相当するスピードで、中強度活動となる

③ 速歩きは夕方に取り入れる

起床後1時間以内、就寝前1時間以内の運動は避ける。1日のうちで体温が一番高い、夕方に行うのがおすすめ

④ 毎日ではなく平均でよい

最初は毎日行うことがむずかしい人もいるかもしれない。そんなときは、1週間の合計で5万6000歩/速歩き140分を目標にする

⑤ 8000歩以上は目指さなくてよい

「8000歩/速歩き20分」を超えて歩いても、健康効果に大きな差はない。逆に、歩きすぎると疲労がたまり、免疫力が落ちることもある

⑥ まずは2カ月続けてみる

体内で眠っていた長寿遺伝子は「8000歩/速歩き20分」を2カ月続けることでスイッチが入り、健康長寿に近づける

※出典:青柳幸利監修「中之条研究20年のまとめ　健康長寿の秘訣は“歩き方の黄金律”にあった」（一部改変）

細胞の中に遺伝情報が詰まった「染色体」というものがあります。この染色体の末端にあるのがテロメアです。テロメアは、遺伝情報の保存に不可欠な保護キャップとして機能しています。

テロメアは細胞分裂のたびに短くなり、一定の長さを保つことができなくなると、本来の機能が果たせなくなります。その結果、細胞は分裂することができなくなって寿命が尽きることがわかっています。人間の細胞の分裂回数は、細胞の種類や個人差によって異なりますが、通常は50～60回程度です。

しかし、**長生き歩きを続けると、テロメアが長持ちして、細胞分裂の回数も増え、健康長寿につながる可能性があります。**

ちなみに、テロメアの研究者であるエリザベス・ブラックバーン博士は、２００９年にノーベル生理学・医学賞を受賞しています。

テロメアのような最先端の生物学研究からも、長生き歩きが寿命を延ばすことは明らかにされつつあるのです。

第3章

歩くだけでがんも防げる

2人に1人ががんになる時代

がんは日本人の死亡原因の第1位

日本人の死亡原因で一番多いのは、がん（悪性新生物）です。がんは1981年以降、死亡原因の第1位で、2023年の全死亡者数に占める割合は24・3％ですから、およそ4人に1人ががんで亡くなっていることになります。

また、日本人の2人に1人が、一生のうちにがんと診断されるといわれています。これは国立がん研究センターのデータによるもので、男女別では、男性62・1％、女性48・9％が一生のうちにがんと診断される確率とされています（22年のデータによる）。

しかし**長生き歩きによって、この2人に1人の確率を下げることが期待できます。**前章で述べたように、中之条研究によると、1日7000歩／中強度活動（速歩き）15分以上で、がんになる人が大幅に減りました。もちろん長生き歩き（8000歩／速歩き20分）はこれを十分クリアしています。

日本人の死亡原因

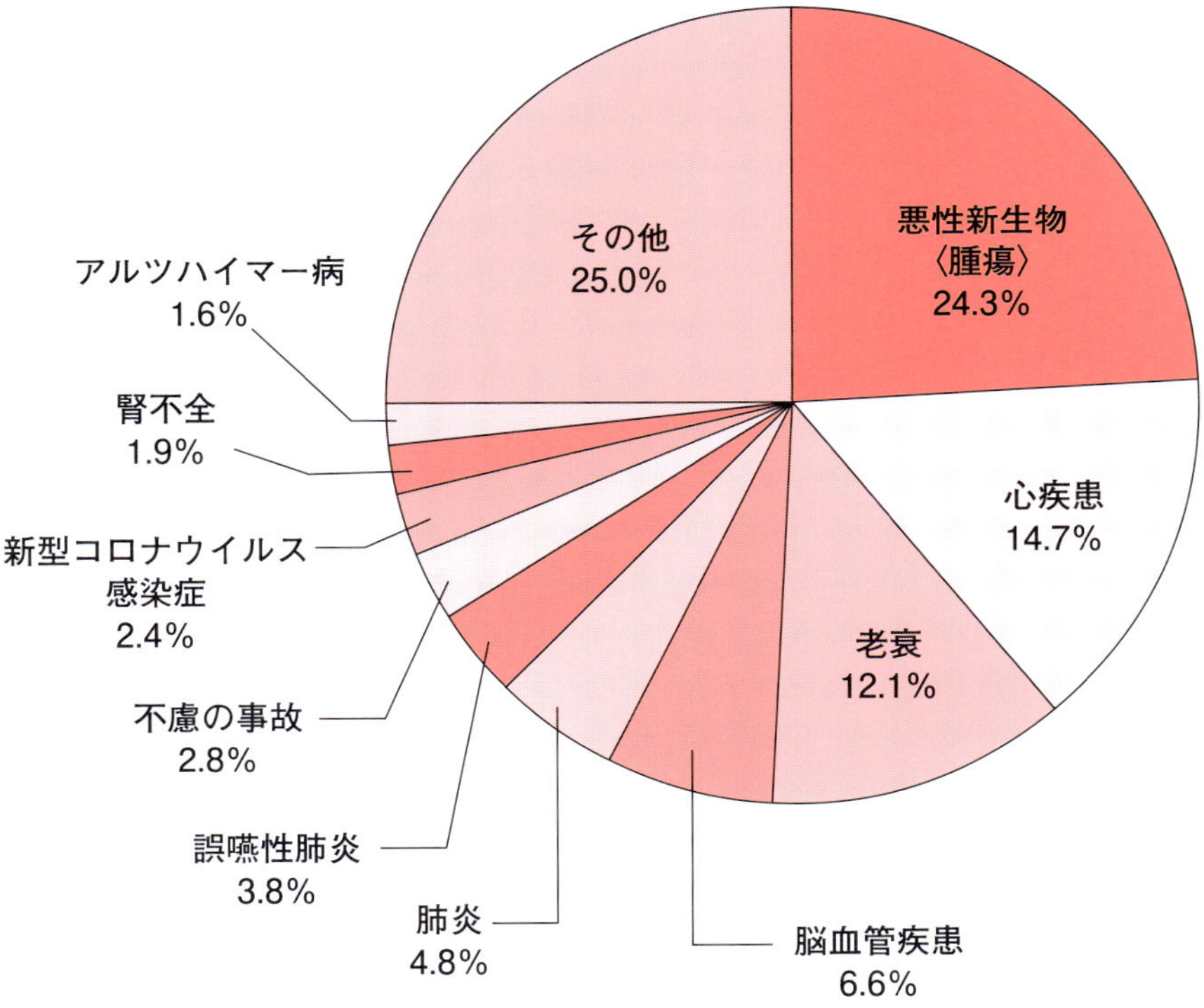

※出典：厚生労働省「令和5年 人口動態統計月報年計の概況」主な死因の割合

定期的ながん検診でがんは早期発見が可能

早期がんなら治癒率も高い

がんは自覚症状が出てから発見された場合と、そうでない場合で、生存率に大きく差が出ます。

初期がんのほとんどは自覚症状がありません。逆に痛みなどの自覚症状が出てからがんと診断された場合、がんは進行している可能性が高いのです。

がんが進行すると、転移などが起こるために治癒率は下がり、死亡のリスクは高くなります。

がんによる死亡を避けるには、がんが進行する前に治療を始めること、つまり早期発見が大事だということになります。

自覚症状のない早期がんは、定期的にがん検診を受けることで発見することができます。

日本では会社や自治体で、胃がん、肺がん、大腸がん、子宮頸がん、乳がんのがん検診を受けることができます。
定年退職した人も、自治体の検診が受けられるので、住んでいる市区町村に問い合わせてみるとよいでしょう。

これらのがんは、がん検診で早期発見ができれば、9割以上が治癒するとされています。

その治癒率（5年生存率）については、大腸がん98・8%、子宮頸がん93・6%、乳がん100%というデータがあります（全がん協部位別臨床病期別5年相対生存率、11年から13年診断症例より）。

がんは死ぬ病気だと思い込んでいる人が多いようです。確かに発見のタイミングが遅れれば、死亡するリスクは高くなります。

でも、このような早期がんの治癒率のデータを見れば、少し安心するのではないでしょうか。

それに加えて、がん検診を定期的に受けるようにすれば、がんによる死亡は高い確率で避けられるでしょう。

がん対策は予防することが大切

長生き歩きでがんを防ぐ

がんは早期発見が大事だといっても、すべてのがんの検診があるわけではありません。

そこで、がんを予防することが重要になってきます。長生き歩き（８０００歩／速歩き20分）もその方法の１つです。

国立がん研究センターは、**「科学的根拠に基づくがん予防」**として、次の５つの方法をあげています。

①禁煙する。これには、自身がたばこを吸わないことはもちろん、他人のたばこの煙を避ける（受動喫煙を避ける）ことも含まれます。

②節酒する。この飲酒量の目安は、１日あたり純エタノール量換算で23g程度です。ビールなら大びん１本（６３３㎖）、日本酒なら1合程度になります。

③食生活を見直す。とくに減塩、野菜や果物をとる、熱い飲み物や食べ物は冷まし

科学的根拠に基づくがん予防

①禁煙する
②節酒する
③食生活を見直す
④身体を動かす
⑤適正体重を維持する

※国立がん研究センター『科学的根拠に根ざしたがん予防ガイドライン「日本人のためのがん予防法」』より

てから、の３つがあげられています。

④身体を動かす。国立がん研究センターの報告によると、仕事や運動などで身体活動量が多い人ほど、何らかのがんになるリスクが低いようです。

⑤適正体重を維持する。とくに、がんの死亡リスクに関しては、男性では肥満の人よりもやせている人のほうが、女性では肥満の人が高いようです。

④の「身体を動かす」は、筆者らが行った中之条研究でも明らかになっています。

長生き歩きを中心にして、ほかの４つのがん予防法を心がけ、がんにならない体づくりを目指しましょう。

7000歩／中強度活動15分でがんが防げる

座っている時間が8時間を超えるとがんが増える

体を動かさないと、がんになるリスクが高まることは、さまざまな研究で明らかにされています。

京都府立医科大学などの研究チームが、日本人女性に比較的多い乳がんと、座っている時間との関連を調査したところ、1日の座っている時間が7時間以上の女性は、7時間未満の女性に比べて、**乳がんになるリスクが36％も高い**ことがわかりました。

一方、中之条研究では、座っている時間（身体活動量がゼロの時間）が8時間を超えると、さまざまながんになりやすいことがわかっています。

1日に8時間座っているということは、ほとんど体を動かしていないことになります。

また座っている時間が長いということは、家事などによる中強度活動の時間も少ないと想像できます。

中之条研究では、1日あたりの歩数と中強度活動時間に対する病気の関係のグラフ（53ページ）のように、7000歩／中強度活動15分を超えると、がんの発症リスクが大きく下がることが明らかになっています。

座っている時間が長く、がんになった人は、歩数や中強度活動時間がこのレベルに達していなかったと考えられます。

日本人は座っている時間が長いといわれています。世界20カ国における平日の座位時間の中央値ではもっとも長く、1日あたり7時間も座っているというデータがあります（厚生労働省、リーフレット「座位行動」）。

座っている時間が長いと寿命が短くなることもわかっています。前述の京都府立医科大などの研究によると、1日9時間以上座っている人は、将来明らかに死亡リスクが高くなるようです。

自分の生活習慣を振り返って、座っている時間が長いのであれば、**立ち上がって動く**ことを心がけましょう。

座りすぎを解消するには外に出て歩くこと

がん予防は歩くのが一番簡単で効果的

なぜ日本人に座りすぎが多いのか、その答えは出ていませんが、職場でのデスクワークの時間が長いからとか、家庭でのテレビ視聴時間が長いからといった生活習慣が推察されています。

デスクワークで座りっぱなしの人に対して、立ち上がる時間を増やすことを推奨している企業もあるようです。

リタイアした世代では、1日の大半、テレビを観て過ごしている人が珍しくありません。

座っている時間が長い人は、がんのリスクもさることながら、足腰の筋力低下が進んで、寝たきりになるリスクも高くなります。

このような生活習慣の人が、座りすぎを解消したいと思ったら、外に出かけて歩くことを習慣にするのが一番です。長生き歩き（8000歩／速歩き20分）がベス

家にこもりがちな人は外で歩くことを習慣にしよう

トですが、がん予防効果を期待するのであれば、1日7000歩／速歩き15分でもかまいません。

運動が**がん予防**に有効であることは、中之条研究をはじめ、国内外のさまざまな研究で明らかにされています。

とくに中之条研究では、**1日7000歩／中強度活動（速歩き）15分が、がん発症の分かれ目**であると、具体的な数字に表れています。

がん予防のためにどんな運動をしたらいいいの？　と悩む必要はありません。1日7000歩／速歩き15分を毎日の習慣にして、まずは2カ月続けてみましょう。

治癒率が低いすい臓がんも予防

長生き歩きで7つのがんが防げる

中之条研究は、7000歩／中強度活動15分以上によって5つのがんが予防できることを明らかにしました。

この5つのがんには、結腸がん、直腸がん、肺がん、乳がん、子宮内膜がんが含まれます。

その後、さまざまな国内外の研究の結果、予防可能ながんは2つ増え、すい臓がんと肝臓がんが加わりました。つまり、**7000歩／中強度活動15分は、7つのがん予防に効果が期待できる**ということになります。

日本人に多いがんは、肺がん、胃がん、肝臓がん、大腸がん（結腸がんと直腸がんを含む）、乳がんの5つです。

つまり、1日7000歩／中強度活動15分以上によって、5つのがんのうち4つまで予防できるということです。

1日7000歩／中強度活動15分以上で予防できることが判明した7つのがん

結腸がん　肺がん　子宮内膜がん　肝臓がん　直腸がん　乳がん　すい臓がん

※中之条研究の分析データより

ちなみに、胃がんについては、**ピロリ菌の感染、喫煙、塩分のとりすぎ、野菜や果物の摂取不足**などが発症リスクを高めるとされています。

生活習慣を改めて、これらのリスク要因をとりのぞき（ピロリ菌感染は医療機関で除菌できる）、胃がん検診を受ければ早期に発見できるので、これもそれほど心配することはないでしょう。

すい臓がんは、早期に発見しにくく、**治癒率が低い**がんとして知られています。

1日7000歩／中強度活動15分で、すい臓がんが予防できるとわかったことは画期的なことではないでしょうか。

歩いて体温を上げると免疫細胞が働く

長生き歩きでＮＫ細胞が活性化

私たちの体を構成している細胞は、日々新しい細胞へと入れ替わっています。新しい細胞は古い細胞と同じ設計図（遺伝子）をもとにつくられるのですが、ときどき不良品（異常な細胞）がつくられることがあります。

このような異常な細胞は、1日に数千個も生まれているといわれています。そのため私たちの体には、**異常な細胞ができていないかを監視して駆除する、免疫という防御システムが備わっています。**感染症の原因となるウイルスや細菌を駆除するのも、免疫の働きです。

ところが、ときには免疫の監視をかいくぐって生き残る異常な細胞があります。この生き残った細胞が増殖して、大きくなったものががんです。

このため、がんを予防するには、免疫が正常に働いているかどうかが重要になってきます。

体の中では、さまざまな免疫細胞が働いていますが、最初にがんとなる細胞を異物とみなして直接攻撃するのがナチュラルキラー細胞（NK細胞）です。

NK細胞をはじめとして免疫細胞は、体温が下がると、その活性が低下することがわかっています。

寒い季節は外気温が低いので、体温も低下しがちです。すると免疫機能が落ちて、免疫細胞がインフルエンザなどのウイルスを攻撃することができなくなり、感染者が急増するのです。

これに対して、運動には体温を上昇させる働きがあります。もちろん、長生き歩き（1日8000歩／速歩き20分）でも体温は上がります。

中之条研究では、研究に参加した高齢者の血液を採取して、NK細胞の活性を調べていますが、長生き歩きを達成している人は、冬の寒い季節でもNK細胞が活性化されていることがわかっています。

運動ががん予防に効果的だというのには、いくつかの根拠がありますが、**運動による体温の上昇はその重要な要素の1つ**なのです。

運動して便秘が改善されると大腸がんのリスクが減る

女性に一番多い大腸がんを予防するには？

日本人女性に一番多いがんは大腸がんです（男性は2位）。

お通じの悪い人は、大腸がんのリスクが上がるといわれていますが、**運動すると便秘などが改善されて、お通じがよくなります。その結果、大腸がんのリスクも下がる**と考えられます。

運動不足などで大腸のぜん動運動が停滞していると、スムーズな排便が困難になります。

これに対して、運動すると筋肉の収縮などによって、ぜん動運動が促されます。便秘がちな人は、運動することで便秘を解消することができるのです。

筆者らの研究でも、それは明らかになっています。第2章でデータを紹介していますが、便秘はがんと同じ、7000歩／速歩き（中強度活動）15分以上で予防（改善）することができます。

日本人に多いがんランキング（部位別）

男性

❶肺がん	24%
❷大腸がん	13%
❸胃がん	12%
❹すい臓がん	8%
❺肝臓がん	7%

女性

❶大腸がん	16%
❷肺がん	14%
❸すい臓がん	12%
❹乳がん	10%
❺胃がん	9%

※出典:がん情報サービス「がんの統計2022図表編」

もう1つ、便秘の改善に効果的なのは、乳酸菌をとることです。筆者らは乳酸菌の研究も行っているのですが、乳酸菌だけでも便秘を改善する効果が高いことがわかっています。

また、**前述のNK細胞も乳酸菌をとることによって、活性が高まることが明らかになりました。**

運動と乳酸菌の便秘改善のメカニズムは異なります。運動は筋肉の収縮によって大腸のぜん動運動を促す働きでしたが、乳酸菌の効果は腸内環境の改善によるものです。つまり、両方を組み合わせると相乗効果が期待できるということです。

なお、長生き歩きと乳酸菌の相乗効果については、第5章でくわしく述べていきますので、そちらもぜひ読んでください。

第4章

病気にならない歩き方

歩いて喘息が改善された筆者と伊能の共通点

伊能忠敬は55歳から全国を歩いた

伊能忠敬という人をご存じでしょうか。江戸時代に天文学者や地理学者として活躍した人物です。

彼の業績で一番知られているのは、日本中を歩いて国土の正確な姿を明らかにしたことでしょう。

伊能は寛政12年（１８００年）から17年かけて日本全国を測量しました。残念ながら73歳で死去し、地図の完成を見ることはできませんでした。

しかし、弟子たちがその意思を受け継ぎ、その後『大日本沿海輿地全図』として完成しました。

伊能が国土の測量を始めたのは、55歳のときでした。それから、日本全国のほとんどを歩いたことになります。

実は、筆者がウォーキングを始めたのも55歳でした。

東京・富岡八幡宮境内に立つ伊能忠敬銅像。忠敬は50歳のとき江戸に出て、富岡八幡宮近くの黒江町(現在は門前仲町1丁目)に隠宅を構えた

もう1つ、喘息の持病があったことも筆者と伊能の共通点です。

伊能の伝記にも彼が痰咳の病(現代の喘息)に苦しんでいたと記されています。

筆者は20歳代の頃から喘息の症状があり、だましだまし30年くらいつきあってきました。

第1章で健康診断の結果がひどかったことを述べましたが、その少し前からは、喘息の吸入薬も効かなくなり、せきが止まらない状態になっていました。

ところが、健康診断の悪い数値を改善しようと意を決し、**ウォーキングを始めたところ、1カ月もたたないうちに、せきが止まってしまいました。**

早く歩き始めれば要介護も防げる

始めるのに遅すぎることはない

筆者の経験からも、何かを始めるのに遅すぎることはない、ということがわかるでしょう。

とくに65歳以上で、何の運動もしていないという人は、早く始めたほうがよいと思います。

なぜなら、高齢者と呼ばれる年齢になると、フレイルになるリスクが高まるからです。

フレイルとは、加齢により心身の機能が衰えてくることで、健康な状態と介護が必要な状態の中間の段階です。

しかし、**フレイルになったとしても適切な対応をすれば、要介護にならずにすむ**のです。

フレイルを診断する基準の1つに「歩行速度の低下」があります。

フレイルの診断基準

項目	評価基準
体重減少	6カ月で2kg以上の体重減少
筋力低下	握力:男性<28kg、女性<18kg
疲労感	(この2週間に)わけもなく疲れたような感じがする
歩行速度	通常歩行:<1.0m/秒
身体活動	①軽い運動・体操をしていますか？ ②定期的な運動・スポーツをしていますか？ 上記いずれも「週1回もしていない」と回答

5つの項目のうち、3つ以上あてはまる場合はフレイル、1～2つあてはまる場合はフレイルの前段階と診断される

※出典:国立長寿医療研究センター改訂日本版CHS基準(改訂J-CHS基準)

第1章で足腰の老化が歩行速度にあらわれるといいましたが、まさにフレイルになると足腰の筋力が低下して、歩くのが遅くなってきます。

足腰の筋力の衰えを防ぐには、歩くしかありません。もちろん、ただ歩くだけでなく、**中強度活動、すなわち速歩きも必要**です。

ではどのくらい歩けばよいのか。もうわかりますね。8000歩／速歩き（中強度活動）20分。これが、長生き歩きです。

「思い立ったが吉日」という言葉があります。フレイルになりたくないのであれば、今日から長生き歩きを始めましょう。

紫外線を浴びると骨粗しょう症が防げる

外を歩かないと速歩きができない

第2章で、７０００歩／中強度活動15分は、骨粗しょう症を予防すると述べました。53ページのグラフからも明らかなように、この歩数と中強度活動時間（82点）は、1日1万2０００歩／中強度活動0分（70点）よりも点数が高くなります。

実際、**1日に1万2000歩以上歩いていたのに、骨粗しょう症になった人がいます。**この人は旅館の女将さんで、館内を歩き回ることで、1万2０００歩に達していました。しかし、**運動強度が足りなかった**のです。

骨に刺激を与えない生活は、骨粗しょう症のリスクを高めます。いくら歩数を稼いでも中強度活動がゼロでは、骨への刺激にはならないのです。

また、この人は屋内での歩行だけで、外に出ることがほとんどない生活を続けていたようです。

骨粗しょう症は、日光浴をすることでも予防できます。この人はそれができなかったことで、骨粗しょう症の発症リスクを高めてしまったと考えられます。

日光浴をすると、紫外線を浴びることになります。日焼けを嫌がって紫外線対策をする人がいますが、まったく浴びないのも健康によくありません。

帽子をかぶったり手袋をしたりして、顔や手の紫外線対策をしてもかまいませんが、肌の一部が紫外線を浴びるだけでも効果があります。

国際的なガイドラインによると、骨粗しょう症の予防には、1日15分の日光浴が必要とされています。

紫外線が有効なのは、骨粗しょう症を予防する栄養素の1つであるビタミンDが皮膚で生成されるからです。

さらに、外出しないと、歩きながらの中強度活動である速歩きができません。屋内では速歩きができないので、前述の旅館の女将さんのように、中強度活動が不足してしまいます。

外を歩けばどこでも速歩きができますし、紫外線を浴びることもできます。長生き歩きを始める第1歩は外出することです。

人と会わないと認知症のリスクも高まる

外出することで孤立・孤独も防げる

外出することのメリットは、それだけではありません。家の中にばかりいると、人と話す機会が少なくなります。1人暮らしで自宅に閉じこもっていれば、誰とも話さないことになってしまいます。

人とのコミュニケーションが少ないと、認知症のリスクが高くなるといわれていますが、それだけではありません。

WHO（世界保健機関）は、社会とのつながりの欠如は、喫煙や過度の飲酒、運動不足、肥満、大気汚染などの健康を阻害する因子と同じくらい、あるいはそれ以上の早期死亡のリスクであり、身体的・精神的健康に深刻な影響をおよぼすとして、孤立や孤独に対して警鐘を鳴らしています。それほど健康にとって、社会とのつながりは重要なのです。

別に友だちに会わなくても、外出してお店に入れば、店員と何かしら会話するでしょう。こうした人とのコミュニケーションが重要なのです。

第2章で述べたように、うつ病の予防には、1日4000歩／中強度活動5分以上が必要です。

そもそも、1日の歩数が4000歩に満たない人は、外出していないと考えられます。1日1回外出すれば家の中の歩きと併せて、4000歩はほぼ間違いなく達成できます。

目的は運動でなくてもかまいません。コンビニに買い物に出かけるという目的でよいのです。

外出して結果的に歩いている状況になれば、人とコミュニケーションをとる場面も必然的に増えてきます。

一般に、健康づくりは長続きしないといわれます。長生き歩きは、2カ月で効果が出てきますが、そこでやめてしまえば元に戻ります。

それよりも、**「運動」と構えずに、外出するということから始めてみてはどうでしょうか。**それが結果的に、長続きする運動習慣になります。

大股で歩けば正しいフォームになる

歩幅を広げることだけ意識する

中強度活動に相当する速歩きとは、第2章で述べたように、なんとか会話ができるくらいの速さで歩く運動です。**このくらいの速さで歩くためには、フォームが重要**です。左ページに、速歩きの正しいフォームのポイントをまとめたので、参考にしてください。

正しいフォームといっても、むずかしく考える必要はありません。**大事なのは、大股で歩く**ということです。

歩幅を広げて大股で歩けば、背筋もひざも伸びますし、腕も大きく振るようになります。すると自然にピッチも上がり、歩くスピードもアップします。

ですから、歩幅を広げることだけに集中すれば、誰でも左ページのイラストのような歩き方になっているはずです。普段よりも10㎝歩幅を広げて歩くことだけを意識してください。

正しい速歩きのフォーム

歩きすぎは免疫力を低下させてしまう

いっぱい歩いても病気予防効果は頭打ち

「歩けば歩くほど健康によい」と思っている人は多いのではないでしょうか。でも、やりすぎは逆に健康を害します。

過度に運動すると、免疫力が落ちてしまうからです。そのことは、第1章で述べた筆者の経験が物語っています。急に1万歩以上、そのほとんどを速歩きしたため、インフルエンザにかかってしまいました。

そんなに歩く必要がないことは中之条研究で明らかになっていたのですから、その点は反省しています。

いっぱい歩いたからといって、病気を予防する効果が劇的に変わるわけではありません。中之条研究の分析では、7000歩を超えると、統計学的には病気予防の効果はほとんど変わりません。

それでも、1万2000歩ぐらいまでは、少しずつ上がっていきます。そして、

1万2000歩を超えると、まったくの頭打ちになってしまいます。

7000歩からは統計的に有意な差がないと述べました。ではなぜ長生き歩きを8000歩（うち20分は速歩き）としたのかというと、7000～9000歩（速歩き15～25分）のグループの平均歩数が8000歩だったからです。

中之条研究の目的の1つは、病気にならない歩数および中強度活動時間を明らかにすることでした。

この研究では、将来において病気を発症する人の割合が10分の1になる数（身体活動の閾値）を求めています。たとえば、糖尿病になってしまった人の9割は、それまで長生き歩き（8000歩／中強度活動20分）ができていなかったということです。

1日8000歩を超えて歩かなければならない人は、メタボや肥満の人です。この人たちはエネルギー消費量を増やす必要があります。たくさん歩き、速歩きの時間も増やして、体脂肪を燃やさないといけないからです。

メタボの人は生活習慣病予備軍ですから、この段階で薬を飲む必要はありません。でも放置すると薬が必要になるので、たくさん歩いたほうがよいのです。

家の中で2000～4000歩は歩いている

外を歩くのは4000～6000歩でいい

今まであまり運動をしていなかった人が、いきなり8000歩というと、ハードルが高そうに思えますが、実はそれほど大変でもないのです。

第2章で病気別の歩数と中強度活動時間を示しましたが、そこでも「活動目標の目安」として、「家事などの作業（2000～4000歩）」を含めています。

つまり、外に出て歩かなくても、屋内で2000～4000歩ぐらいは歩いているということです。

したがって、8000歩／中強度活動20分を達成するには、4000～6000歩を外出して歩けばよいのです。

また、**家事やこまごまとした作業には、中強度活動が5分くらいまでは含まれます。**つまり、屋外での速歩きも、**最低15分でよい**ということになります。それを確認するためにも、第2章で述べた身体活動計（活動量計）があると便利です。

1日8000歩／速歩き20分を達成するには？

家事やこまごまとした作業

2000～4000歩

（速歩きが5分程度まで含まれる）

＋

1時間程度の外出やお使い

4000～6000歩

（速歩きが15～20分含まれる）

※出典:青柳幸利監修「中之条研究20年のまとめ　健康長寿の秘訣は“歩き方の黄金律”にあった」（一部改変）

買い物に行くときの歩数も含めてよい

8000歩の達成はあんがい簡単

家の中で2000～4000歩、屋外を4000～6000歩と、1日の歩数を分散しても病気予防の効果は変わりません。そもそも、家の中では細切れに動いているはずですが、それでも同じ効果が得られるのです。

では中強度活動時間はどうでしょうか？

これも分割で問題ありません。中強度活動20分を速歩きで達成しようとする場合、**10分ずつ2回に分けても、5分ずつ4回に分けても、病気を予防する効果は変わりません。**

ただし、メタボや肥満の人で体脂肪を減らすことが目的の場合は、第2章で述べたように、できるだけ続けて速歩きしたほうが、脂肪を燃やす効率はアップします。

8000歩／速歩き（中強度活動）20分の長生き歩きをこれから始めようと思っ

ている人は、**まず家の中でどれくらい歩いているかを調べましょう。**

これはスマホの歩数計アプリでも十分調べられます。家事を積極的に行っている人は、意外に歩いていることがわかるでしょう。

逆に、イスに座ってテレビばかり見ているような人は、２０００歩もいかないかもしれません。

普段の平均的な歩数がわかったら、８０００歩を達成するための歩数を割り出します。たとえば、自宅での歩数が３０００歩の人であれば、外での歩きを５０００歩に設定し、そのうち20分速歩きします。

その５０００歩にしても、スーパーなどに買い物に行くための歩数を含めてよいのです。

近所のスーパーまで１０００歩くらいの距離なら、往復で２０００歩。それ以外の健康のための歩きは３０００歩でよいことになります。

このように、普段の自分の活動をチェックしてみれば、８０００歩／速歩き20分は、それほどむずかしいことではないということがわかります。

体力のない人はレベル1から

3段階でレベルアップしていく

体力や筋力には個人差があります。8000歩／速歩き20分がむずかしい人も、中にはいると思います。そんな人に対して、3つのレベルを用意しています。

まずレベル3の1日7000歩／速歩き15分。これが習慣化できれば、がんや動脈硬化、便秘などが予防できます。

それもむずかしい場合は、レベル2の5000歩／速歩き7・5分。これは命にかかわる病気を予防することができるレベルです。これが習慣化できれば、心疾患や脳卒中などが予防できて、要支援・要介護のリスクを下げることができます。

レベル2もむずかしいという人には、レベル1の2000歩／速歩き0分だけは、なんとか続けてもらいたいと思います。

1日2000歩でも歩くことができれば、寝たきりになるのを防ぐことができます。 家の中でもできるだけ歩くようにしましょう。

1日8000歩/速歩き20分がむずかしい人は…

レベル3

7000歩/速歩き15分

まずは7000歩/速歩き15分を目標にする。習慣化できれば、がんや動脈硬化、便秘などが予防できる

↓ レベル3がむずかしい場合

レベル2

5000歩/速歩き7.5分

命にかかわる病気が予防できるラインの目安。心疾患や脳卒中などを防ぐことができ、要支援・要介護のリスクが下げられる

↓ レベル2がむずかしい場合

レベル1

2000歩/速歩き0分

1日2000歩でも、歩くことができれば寝たきりが防げる。家の中でも、座っている時間を極力減らして、歩く機会を増やす

※出典:青柳幸利監修「中之条研究20年のまとめ　健康長寿の秘訣は“歩き方の黄金律”にあった」（一部改変）

8000歩／速歩き20分は1週間の平均でよい

人は1週間のリズムで生きている

長生き歩き（8000歩／速歩き20分）を始めたとして、毎日8000歩ピッタリの歩数を目指す必要はありません。

8000歩以上歩けるなら、それ以上歩いてよいし、**8000歩にとどかない日があっても、次の日に帳尻を合わせればよい**のです。

長生き歩きは、1週間の平均でかまいません。9000歩の日や7000歩の日があっても、1週間で5万6000歩以上歩いていれば達成できています。速歩き時間についても同様です（1週間で140分以上）。

1週間の平均で、8000歩／速歩き20分ができていれば、効果は変わりません。これも中之条研究で明らかにされています。

人間の活動レベルには、曜日の影響が必ずあります。たとえば、勤めている人なら、日曜日から次の日曜日までの1週間のリズムがあります。

たとえば、月〜金曜日は通勤などで活動量が増え、土日は家で休んでいる時間が長いので活動量が減る。こんなライフスタイルが想像できます。

もちろん、誰もが土日休みとは限りません。サービス業などで週の真ん中、たとえば水曜日が休みの人もいるでしょう。そういう人でも水曜日から翌週の水曜日までの1週間のリズムがあります。

リタイアして仕事がない人でも、同居している家族のリズムに合わせなければならないので、1週間のリズムが必ずあります。

例外ですが、曜日の影響をほとんど受けない人がいます。うつ病の人です。家に閉じこもって、毎日単調な生活をしている人です。

中之条研究で、身体活動計のデータを分析したところ、**1週間のリズムがない人は、メンタルヘルスに問題がある人**だとわかりました。

この後で説明する季節の影響というのもあるのですが、1週間の活動量の平均値に季節の影響などを加味してデータ解析すると、1年間の平均活動量を80%以上の信頼性をもって推定することができます。

冬に骨折が一番多いのはなぜ?

日本人の活動量は1月がもっとも少ない

身体活動量は季節の影響も受けます。日本人の活動量（とくに速歩き時間）は10~11月がピークで、1月がどん底になることがわかっています。

運動の効果が出てくるのに2カ月、運動の効果がなくなるのも、2カ月です。冬は活動量が減るため、秋にはとても元気だった人が、1月に病気になるということが起こります。

左ページのグラフは、月別の転倒発生件数をあらわしています。これを見ると、**冬に転倒が多い**ことがわかります。

雪の降る地域はすべって転ぶことが多いので、積雪の影響もあるでしょう。しかし、雪があまり降らない地域もあります。

雪のような環境因子だけでなく、**寒いのであまり外出せず、運動量が減る**ことも、冬の転倒増加の要因の1つだと考えられます。

1年間の転倒発生頻度と平均歩数

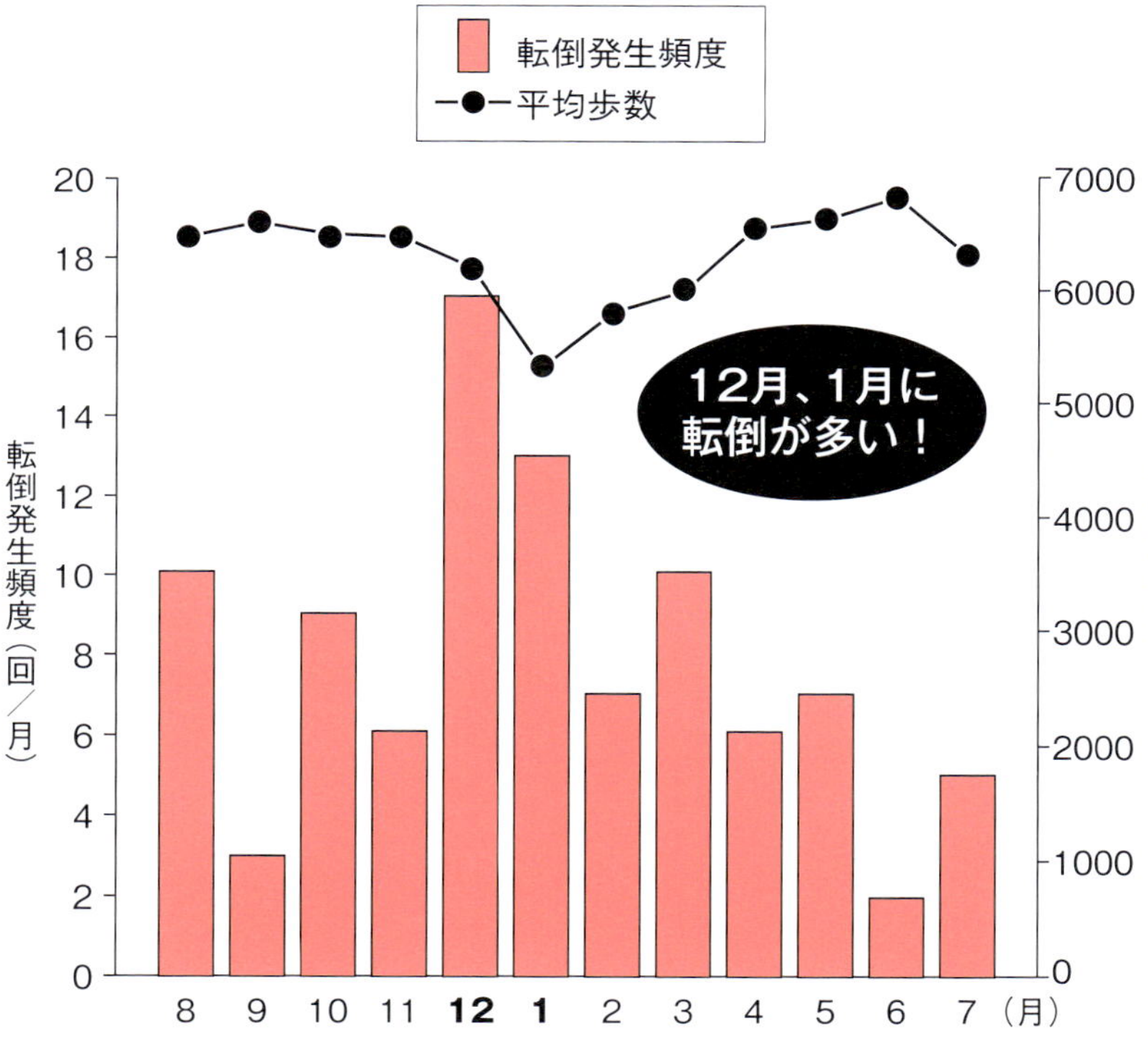

※中之条研究のデータ分析より

気温が低いと活動量が減少する

雪国の中強度活動は雪かきで達成できる

寒い地域の人は、そうでない地域の人に比べて、活動量が少なくなります。左ページの表を見てください。

1月の平均気温がマイナス3・6℃の**北海道は平均歩数が6738歩**なのに対して、1月の平気気温17・0℃の**沖縄は8231歩**です。

平均中強度活動時間も、1月の北海道は15分なのに対して、沖縄は21分となっています。このように、気温が低くなると、どうしても活動量は減ってくるのです。

また、雪が多く降る地域では、外を速歩きするのはむずかしいでしょう。しかし、中強度活動に関しては、降雪地域のメリットがあります。

それは雪かきの作業です。第2章のメッツ表（44~45ページ）を見ればわかるように、6・0メッツの活動強度になります。速歩きができない分、雪かきの作業で、中強度活動20分以上が達成できるでしょう。

全国各地における平均気温の平年値と日常身体活動（平均歩数・中強度活動時間）の調整目標

		1月	2月	3月	4月	5月	6月	7月	8月	9月	10月	11月	12月	年平均	年較差
平均気温（℃）1981〜2010年の平均値	北海道	-3.6	−3.1	0.6	7.1	12.4	16.7	20.5	22.3	18.1	11.8	4.9	−0.9	8.9	25.9
	東京	6.1	6.5	9.4	14.6	18.9	22.1	25.8	27.4	23.8	18.5	13.3	8.7	16.3	21.3
	沖縄	17.0	17.1	18.9	21.4	24.0	26.8	28.9	28.7	27.6	25.2	22.1	18.7	23.1	11.9
	全国	4.3	4.9	8.1	13.5	18.1	21.8	25.5	26.9	23.1	17.4	11.8	6.8	15.2	22.5
	中之条町	0.2	0.9	4.3	10.5	15.5	19.5	23.2	24.4	20.1	13.6	7.5	2.6	11.9	24.2
平均歩数（歩／日）平均気温からの推定値	北海道	6738	6830	7441	8216	8565	8662	8609	8538	8658	8538	7996	7208	8000	1924
	東京	7714	7751	7978	8203	8214	8119	7901	7770	8033	8220	8168	7930	8000	505
	沖縄	8231	8231	8217	8150	8024	7824	7629	7650	7754	7947	8122	8220	8000	602
	全国	7554	7618	7912	8222	8281	8193	7978	7879	8128	8279	8148	7808	8000	727
	中之条町	7182	7283	7715	8240	8418	8402	8263	8192	8388	8376	8028	7512	8000	1236
平均中強度活動時間（分／日）平均歩数からの推定値	北海道	15	16	18	21	22	23	22	22	23	22	20	17	20	7
	東京	19	19	20	21	21	20	20	19	20	21	21	20	20	2
	沖縄	21	21	21	21	20	19	19	19	19	20	20	21	20	2
	全国	18	19	20	21	21	21	20	20	20	21	21	19	20	3
	中之条町	17	17	19	21	22	22	21	21	22	21	20	18	20	5

※出典:青柳幸利「医療費削減の効果が得られる日常身体活動の量と質」

ショッピングのついでに歩ける

雨の日はモールウォーキングがおすすめ

雨や雪の日、あるいは酷暑の季節は、外を歩くのが大変です。酷暑のウォーキングには、熱中症のリスクがあります。

悪天候のときにおすすめなのがモールウォーキングです。**ショッピングモール（以下、モール）を歩く**のです。

今や地方都市でもクルマでモールに出かけて、食事をしたり、買い物をしたりするライフスタイルが当たり前になっています。

広いモールは、ショッピングするだけでもかなりの距離を歩くことになります。ですから、ウォーキングコースとしても利用できるのです。

屋根のあるモールなら、雨や雪が降っても傘なしで歩くことができます。また、**冷暖房もきいているので、酷暑の夏は涼しいし、冬は寒くありません。**

モールウォーキングは、アメリカでは広く行われています。ただアメリカのモールウォーキングは、開店前のモールを高齢者に開放するスタイルが中心になっているようです。

日本でもモールウォーキングを推進しているモールがあり、ウォーキングコースが設定されていたり、歩いた距離がわかるようになっているところもあります。そうしたサービスがないモールでも、歩くのは自由です。広いモール内は、よっぽど混雑していなければ、**速歩き**もできます。

ウォーキングで目標の歩数に達した後は、買い物や食事などをして、時間を有効に利用することができます。

クルマ社会では、運動量が減るように思われがちですが、決してそうではありません。興味深いデータがあり、**クルマでの移動距離が40㎞までは活動量が増える**ことがわかっています。たとえば、中之条町から前橋市や高崎市までの距離です。着いた先で歩くことになるからです。ところが40㎞を超えると、歩かなくなります。移動だけで終わってしまうのです。40㎞以内にあるモールに出かけるのは、その意味でも効果的だと思います。

運動が禁忌の病気はほとんどなくなった

持病があっても歩いたほうがよい

持病があるからと理由をつけて、歩きたがらない人がいます。でも、**歩いてはいけない病気というものはほとんどありません。**

人工透析を受けている人は、かつては歩くのはよくないといわれていました。しかし、現在は人工透析の人も歩くことが推奨されています。

かつては手術して入院すると、何日もベッドで寝ているのが当たり前でした。でも今は手術の翌日から、点滴の台を引きずりながら歩かされる時代です。

ベッドでずっと寝ていると、数日で筋力が著しく低下します。高齢者では寝たきりの原因にもなるので、入院していても歩かされるのです。

心臓病もかつては運動が禁忌でした。でも、今は心臓病でも適度に運動したほうがよいという時代です。ペースメーカーをつけている人も、歩いたほうがよいとされています。

かつてのように、運動はダメ、安静にしなさい、といわれていた病気は、今はほとんどなくなりました。

高血圧症や糖尿病、脂質異常症などの生活習慣病に関しては、運動療法が確立されています。

長生き歩き（運動）の効果が十分に出てくるまでには2カ月かかるといいました。しかし、**運動を始めた翌日には、体に変化が起こっています。**

たとえば、運動開始の翌日には、心拍数が下がります。これは末梢血管が拡張することによって、全身の血流が改善されるからです。その分、心臓の負担が軽減されるので、心拍数が減少します。

その後、1週間で毛細血管系の機能が高まります。ネズミの実験でも、運動をさせて1週間たつと毛細血管が増えることがわかっています。

高血圧症や糖尿病は2週間～1カ月で数値が改善されます。だから、これらの病気は薬を飲む前に、運動を始めたほうがよいのです。

睡眠の質を高めるには夕方歩き

歩くのに適した時間帯はありますか？　という質問をよく受けます。筆者は4000～6000歩くらいをまとめて歩く場合、**夕方をすすめています。**

その理由は、夕方歩くと**よく眠れるから**です。よく眠れないという人は、ぜひ夕方に歩いてみてください。

中之条研究において、0～100歳の町民1645人に、朝晩2回、体温を測定してもらい、その結果を解析したデータがあります。

起床時も就寝時も、体温は加齢にともなって低下することがわかりました。また加齢とともに、睡眠効率が低下する傾向も認められました。

加齢とともに眠れなくなるのは、体温が上がりにくくなるからです。**寝るときは体温を上げておき、その後、体温が下がってくることで睡眠に導かれます。**

年代別　起床時・就寝時の体温の平均

（2012年9月〜2013年8月調べ）

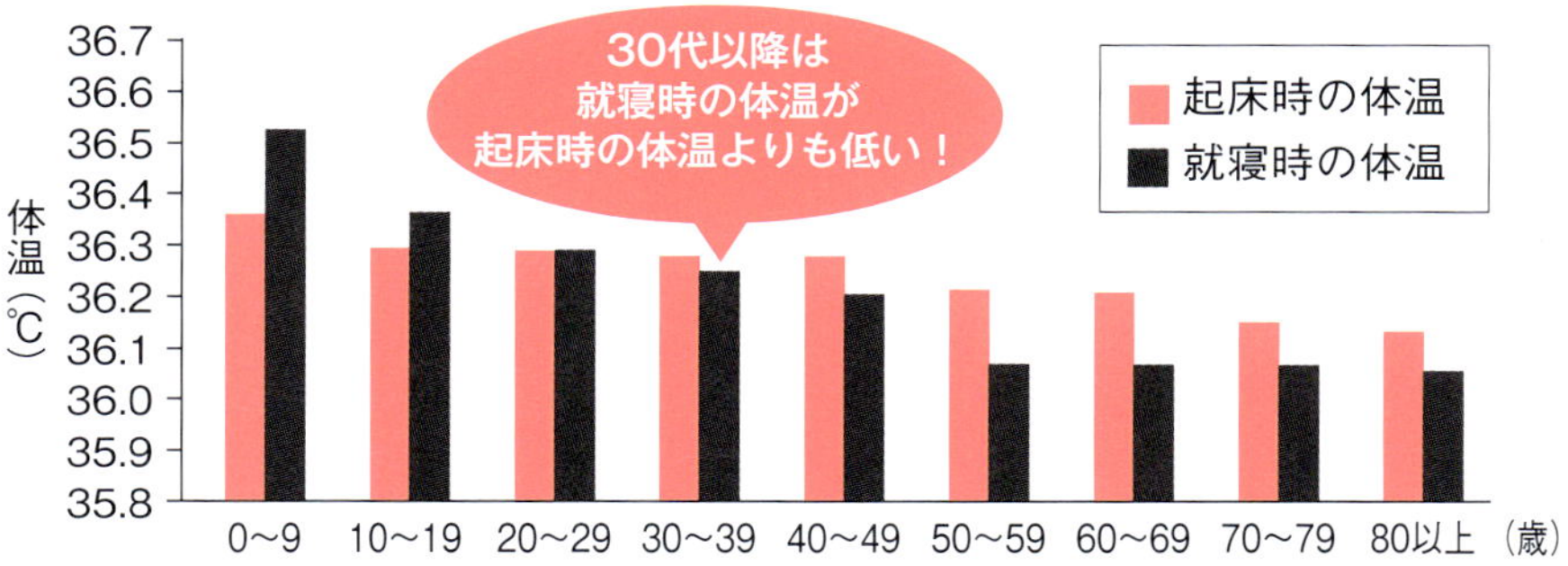

※出典:青柳幸利監修「中之条研究20年のまとめ　健康長寿の秘訣は"歩き方の黄金律"にあった」

寝る前（夕方）に入浴すると、よく眠れるといわれていますが、その理由は、入浴により体温が上がり、その後は下がりやすくなるからだとされています。

それと同じ理由で、夕方に歩いて血流をよくし、体温を上げておくと、よく眠れるようになるというわけです。

また、夕方歩くことで、心地よい疲れを感じ、睡眠に入りやすくなります。

このほか、**足首から太ももにかけてさすると**、足のむくみがとれて血流がよくなり、**冷えが改善されて眠りやすくなります。**

就寝時の体温が下がりすぎないように、室温を保つことも睡眠の質を高めます。

朝起きてすぐ歩くのは危険！

夕方に歩くのがおすすめといわれても、人にはさまざまな事情があり、それ以外の時間でないと歩けないという人もいるでしょう。

その場合は、午前中や昼間に歩いてもかまいませんが、どうしても**避けてほしい時間帯**があります。

それは、**朝起きてすぐ（30分以内）歩く**ことです。朝は体温が低く、まだ体が温まっていない時間帯です。

体を動かすには、自律神経を休息モードの副交感神経から活動モードの交感神経に切り替えないといけません。

まだ交感神経に切り替わらないうちに運動すると、心筋梗塞などの心臓発作がもっとも起こりやすいとされています。

また**朝起きたときは脱水状態**になっています。脱水もまた心臓発作のリスクを高めます。

午前中のゴルフは、統計学的に死亡率が高いことが知られています。朝早く起きて出かけるため、体は脱水状態になっていて、さらにゴルフを終えた後のビールが楽しみだからと、水分補給を控えがちです。それが心筋梗塞による突然死のリスクを高める要因になっているのかもしれません。

朝起きてすぐに水分補給をしても、飲んだ水が腸に達して吸収されるまで、30分くらいかかります。

また自律神経も、起床して副交感神経から交感神経に切り替わるのに30分くらいかかります。2つの理由から、起床して30分以内に歩き始めるのは絶対に避けなければなりません。

午前中や昼間に歩くのであれば、食後がよいでしょう。食後にウォーキングのような適度な運動をすると、食後血糖値の急上昇が防げるので、糖尿病の予防にもなります。夕方以外であれば、朝昼食後がおすすめです。

食べすぎの人は長寿遺伝子が活性化されない

栄養バランスのとれた食事を心がける

第1章で血清アルブミンのことを述べましたが、覚えていますか?

血清アルブミンは、血液中のたんぱく質の一種で、その値は栄養状態を評価する際、低栄養になっていないかどうかを調べる指標となるものです。

「健康長寿の10カ条」の第1条も、「血清アルブミン値が高い」になっています。血清アルブミン値は、血液検査で調べることができる数値です。この数値が低い人は低栄養、すなわち栄養が十分にとれていないとみなされます。

これも第1章で述べましたが、中之条研究の分析結果から、**1日あたりの歩数が7000~8000歩以上で、そのうち中強度活動時間が15~20分以上の人は、血清アルブミン値がもっとも高い**ということがわかっています。

意識的に運動をしている人は、食事の栄養バランスにも気をつけていることのあらわれだと想像できますが、これから歩き始めようとしている人にも、栄養バラン

食事はバランスよく、たんぱく質をしっかりとる

スのとれた食事をしてほしいと思います。

栄養バランスはとても大事ですが、食べすぎにも注意しましょう。

第2章で、長寿遺伝子（サーチュイン遺伝子）のことを述べました。

長寿遺伝子は、長生き歩き（8000歩／速歩き20分）を2カ月続けることで、スイッチが入るということも述べました。

もう1つ、長寿遺伝子は、**腹八分**にしておくことでも活性化されます。

サルに関する研究では、食事制限をした腹八分のサルは、長寿遺伝子が活性化されたため、食事制限をしなかったサルよりも長生きしました。

健康長寿のための食生活とは?

高齢者にとって重要な栄養素の1つは、たんぱく質です。長生き歩きをしている高齢者は、食事の栄養バランスがよいといいましたが、この人たちはたんぱく質をしっかりとっています。

前述の血清アルブミンは、たんぱく質の一種なので、**たんぱく質を十分にとっている人は、血清アルブミン値が高くなる**のです。

たんぱく質は筋肉をつくる材料でもあるので、筋力低下を防ぐためにもしっかりとる必要があります。

たんぱく質を意識的にとることは大事ですが、それ以外の栄養素もバランスよくとりましょう。

ごはんやパンなどの炭水化物を適度にとらないと、歩くためのエネルギーが不足してしまいます。

必須栄養素のビタミンやミネラルは、野菜や果物に多く含まれているので、これらも忘れてはなりません。

そして、骨が弱くならないように、牛乳や小魚などからカルシウムをとることも重要です。

骨の栄養素としてはほかに、納豆に多いビタミンKや、魚介類やキノコ類に多いビタミンDがあります。また、前述のようにビタミンDは日光を浴びることで生成され、活性化されます。そのためにも、外を歩くことが大事です。

食べ物では塩分を減らすことも重要です。塩分の多い食生活は、高血圧症の原因となります。調味料では減塩を心がけましょう。

また**食事のときは野菜を先に食べると、野菜に豊富な食物繊維が糖分の吸収をゆるやかにして、食後血糖値の急上昇を抑えることができます。**

長生き歩きができている人は、それだけで食事のバランスがよくなるという中之条研究のデータもあるので、まず長生き歩きを始めてほしいのですが、食事のことも少し意識するとよいかもしれません。

1人暮らしの人は近所の仲間を誘って

誰かと一緒に歩くと長続きしやすい

歩くために用具は必要ありません。しいていえば、ウォーキングシューズくらいですが、スニーカーがあれば十分です。

運動の習慣は一生続けないといけません。前述のように、長生き歩き（8000歩／速歩き20分）は、**2カ月で効果があらわれますが、やめてしまえば2カ月で効果がなくなります。**

しかし1人で黙々と長生き歩きが続けられるかどうか心配な人もいるのではないでしょうか。

そんな人には、**誰かと一緒に歩くことをすすめたいと思います。**仲間がいれば、1人よりも継続しやすいでしょう。

家族がいるなら、パートナーや子どもと一緒に歩くとよいでしょう。若い人も今のうちから長生き歩きを続けていれば、病気の予防になります。

仲間と一緒に歩くと楽しいし、長続きする

1人暮らしの人も、近所の仲間を誘って、一緒に歩くのもよいでしょう。誘うときにこの本を見せてあげるとよいと思います。

仲間が一緒なら、声をかけ合いながら、歩くことができます。これまで述べてきたように、速歩きとはなんとか会話ができるくらいの速さで歩くことです。**歩きながら、仲間と会話すれば、効果のある速歩きができているかどうかがわかります。**

もちろん1人でも続けられるという人は、1人で続けてください。会話をする相手がいないので、活動量計があると便利です。

長生き歩きを2カ月続けると、長寿遺伝子のスイッチが入ります。まずは、2カ月を目標に続けてみましょう。

第5章

歩きと腸活で病気予防効果が倍増

腸内細菌の代謝物がエネルギー源になる

ランナーの腸には特別な腸内細菌がいる

腸内細菌という言葉をよく耳にします。知っている人も多いと思いますが、簡単に説明しましょう。

私たちの腸には、およそ1000種類、100兆個もの腸内細菌が生息しているとされています。

腸内細菌は健康によい働きをする善玉菌と、たくさんあると体によくない働きをする悪玉菌に大きく分けられ、腸内で勢力争いをしています。

そして、**悪玉菌を減らし、善玉菌が優勢な腸内環境にすることが、健康によい効果をもたらす**とされています。

どんな腸内細菌をもっているかによって、私たちの体にさまざまな変化が起こることが知られています。

たとえば、マラソンランナーは速く走るための腸内細菌をもっています。ボストンマラソンの上位入賞者の腸内細菌を調べたところ、ほとんどのランナーにベイロネラ菌という腸内細菌がいることがわかりました。

なぜベイロネラ菌をもっているランナーは速く走れるのでしょうか。その鍵を握るのは乳酸という物質です。

かつて乳酸は疲労物質の1つだといわれていました。普通の人でも、長く歩いたりすると足が疲れますね。疲れたときには筋肉に乳酸がたまっています。そのため、乳酸は疲労物質だといわれていました。

しかし現在、**乳酸は代謝産物の1つにすぎないことがわかっています。**乳酸菌という腸内細菌がつくるのも乳酸です。

マラソンのような激しい運動をすると、乳酸がさかんにつくられますが、その乳酸をベイロネラ菌は脂肪酸の1つであるプロピオン酸に変換します。

プロピオン酸はエネルギー源となるので、この菌をもっているランナーは速く走れるのです。

なぜ腸活がこんなにブームになっているのか?

腸活で免疫力が高まり感染症を予防

みなさんは「腸活」をしていますか? 腸活とは腸内環境を整える活動のことで、ここ数年は腸活ブームになっています。

腸活で一番わかりやすいのは、便秘の改善でしょう。便秘はさまざまな原因で起こりますが、腸内環境の悪化もその1つです。

便秘はおなかがスッキリしないといった不調だけでなく、肌荒れの原因になったりします。

また**日本人に一番多い大腸がんも、慢性的な便秘が発症リスクを高める**ことがわかっています。

最近は、腸内細菌が健康にいろんな形で影響することが、一般の人たちにも知られるようになってきました。

たとえば、腸内環境と免疫との関係です。腸内には全身の免疫細胞の約70%が集

中しているとされていて、腸内環境を整えると免疫力が高まることもさまざまな研究でわかってきました。

免疫力を高めると、**新型コロナやインフルエンザなどのウイルスに感染しにくくなるばかりか、がんの予防にもなります。**

そんな一般向けの情報も身近にあることから、腸活がブームになっているのではないでしょうか。

腸活の基本は運動と食事です。このうち運動は長生き歩き（8000歩／速歩き20分）だけで十分腸活になります。また、食事については食物繊維の豊富な野菜や海藻などをとるとよいといわれています。

乳酸菌は長生き歩きとの相加・相乗効果がある

腸内環境を整える乳酸菌飲料

食物繊維が腸活によいのは、食物繊維が善玉菌のエサになり、その結果、善玉菌を増やしてくれるからです。また納豆や漬け物などの発酵食品も善玉菌を増やして、腸内環境を整えるといわれています。

さらに、**腸内環境を整える食品ではヨーグルトや乳酸菌飲料を無視するわけにはいかないでしょう。**

これらの食品は腸活ブームを背景にたくさんの商品が開発されています。今やスーパーの乳製品のコーナーに行けば、これらの商品が所狭しと並んでいるのを目にすることができます。

さらに、最近のヨーグルトや乳酸菌飲料には、睡眠の質の改善や便秘の改善、免疫ケアといった機能性表示があるものも珍しくありません。

近年、代表的な善玉菌の1つである乳酸菌の研究が進み、さまざまな機能性のある乳酸菌が発見されています。

乳酸菌というのは同じような特徴や特性をもった菌のグループ名（総称）のことです。その中に性質の異なるさまざまな菌があります。このような1つの菌のことを菌株といいます。

同じ乳酸菌の仲間でも、菌株が異なれば機能性も違います。そのため、さまざまな乳酸菌の菌株を用いた商品が登場しているのです。

さて筆者らの中之条研究では、乳酸菌をとるとどのような健康効果があるのか、ということも調べています。

第2章で述べたように、歩く（運動）だけで、さまざまな病気が予防できることがわかっています。また、乳酸菌にも病気を予防する効果があります。

では、乳酸菌の摂取と運動を一緒に行っている人は、どのような効果が得られるのでしょうか。

結論からいうと、**「乳酸菌＋運動」は相加・相乗効果があることがわかりました。**

そのおもな研究結果について、これからくわしく述べていきたいと思います。

フレイルの予防に乳酸菌が有効

乳酸菌をとると歩行速度が低下しにくい

要支援・要介護の予備軍（前段階）であるフレイル（90ページ）の予防に、乳酸菌を含む乳製品の摂取が有効であるといわれています。

しかし、人で乳酸菌の効果を検証した研究はあまりありません。そこで、筆者らは中之条研究のデータを解析し、その可能性を探ることにしました。

第4章で述べたように、フレイルの診断基準の1つに歩行速度の低下があります。そこで、乳酸菌を習慣的にとっている高齢者は歩行速度が低下しにくいのではないかと考え、検証することにしたのです。

なお、筆者らの研究への参加者は、その多くがおもにシロタ株という菌株を含む乳製品を日頃からとっています。

65歳以上の男女を、それぞれ過去5年間に乳酸菌を週3日以上摂取していた群と週3日未満の群に分けて、両者の通常歩行速度（5メートルを普通に歩く速さ）を

乳酸菌摂取と歩行速度の関係

男性	週3日未満（98人）	週3日以上（126人）	
通常歩行速度（m/秒）	1.31±0.20	1.37±0.21	※
女性	週3日未満（103人）	週3日以上（254人）	
通常歩行速度（m/秒）	1.36±0.23	1.38±0.23	

※有意な差あり

過去5年間に乳酸菌摂取が週3日未満の群と週3日以上の群の歩行速度を比較した。男女とも、週3日以上の群のほうが週3日未満の群よりも歩行速度は速く、その群間差は、男性では「統計的に有意」、女性では「（統計的に）有意傾向」であった

※出典:島本ほか（2024）

比較検討しました。

その結果、男性の通常歩行速度は、乳酸菌を週3日以上摂取していた群が1・37メートル／秒、週3日未満の群が1・31メートル／秒で、歩く速さにおいて統計的に有意な群間差が見られました。

同様に、女性でも、乳酸菌を週3日以上とっていた群のほうが、週3日未満の群よりも、通常歩行速度は速い傾向が見られました。

このように、乳酸菌を含む乳製品を習慣的にとっている高齢者は、性別にかかわらず、加齢による歩行速度の低下を抑制する可能性が見えてきました。

男女とも有意に歩行速度が速かった

乳酸菌＋長生き歩きで相加効果が見られた

乳酸菌（おもにシロタ株を含む乳製品）に運動を加えると、歩行速度がより一層低下しにくくなる可能性があります。筆者らはこれも検証しました。

群①は乳酸菌摂取が週3日未満で1日の平均歩数が7000歩未満、群②は乳酸菌摂取が週3日以上で歩数が7000歩未満、群③は乳酸菌摂取が週3日未満で歩数が7000歩以上、群④は乳酸菌摂取が週3日以上で歩数が7000歩以上です。4群間で比較した結果、活動量の多い群③と群④は活動量の少ない群①と群②よりも通常歩行速度が速い傾向が示されました（左ページのグラフ参照）。

乳酸菌だけの群②よりも、運動だけの群③のほうが通常歩行速度は速く、乳酸菌摂取と運動（身体活動）を組み合わせた群④が、もっとも高い値を示したことから、乳酸菌＋運動の相加効果が明らかになりました。なお、群④と群①あるいは群②の間で、男女とも統計的に有意な差が認められています。

乳酸菌摂取と身体活動の組み合わせ

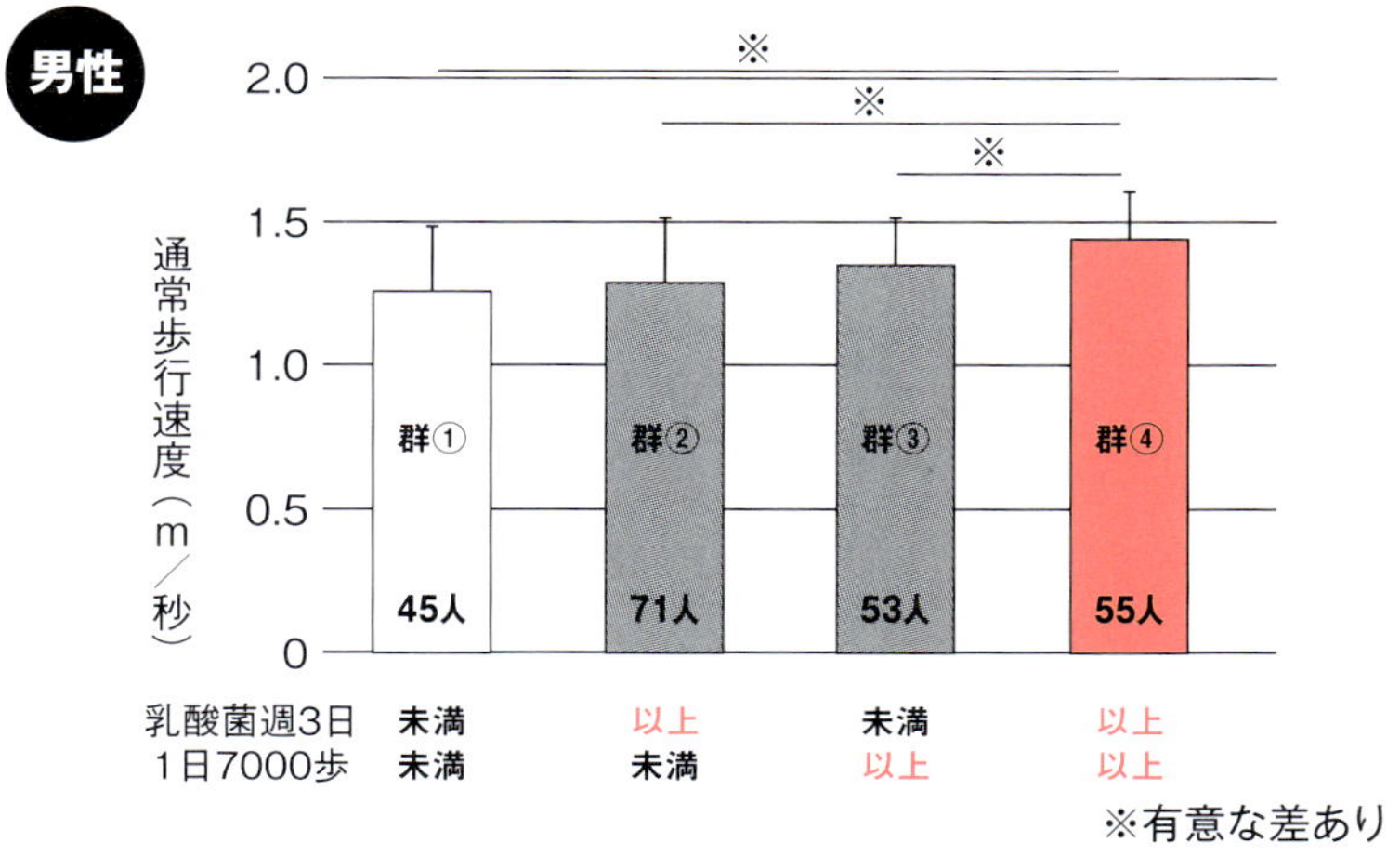

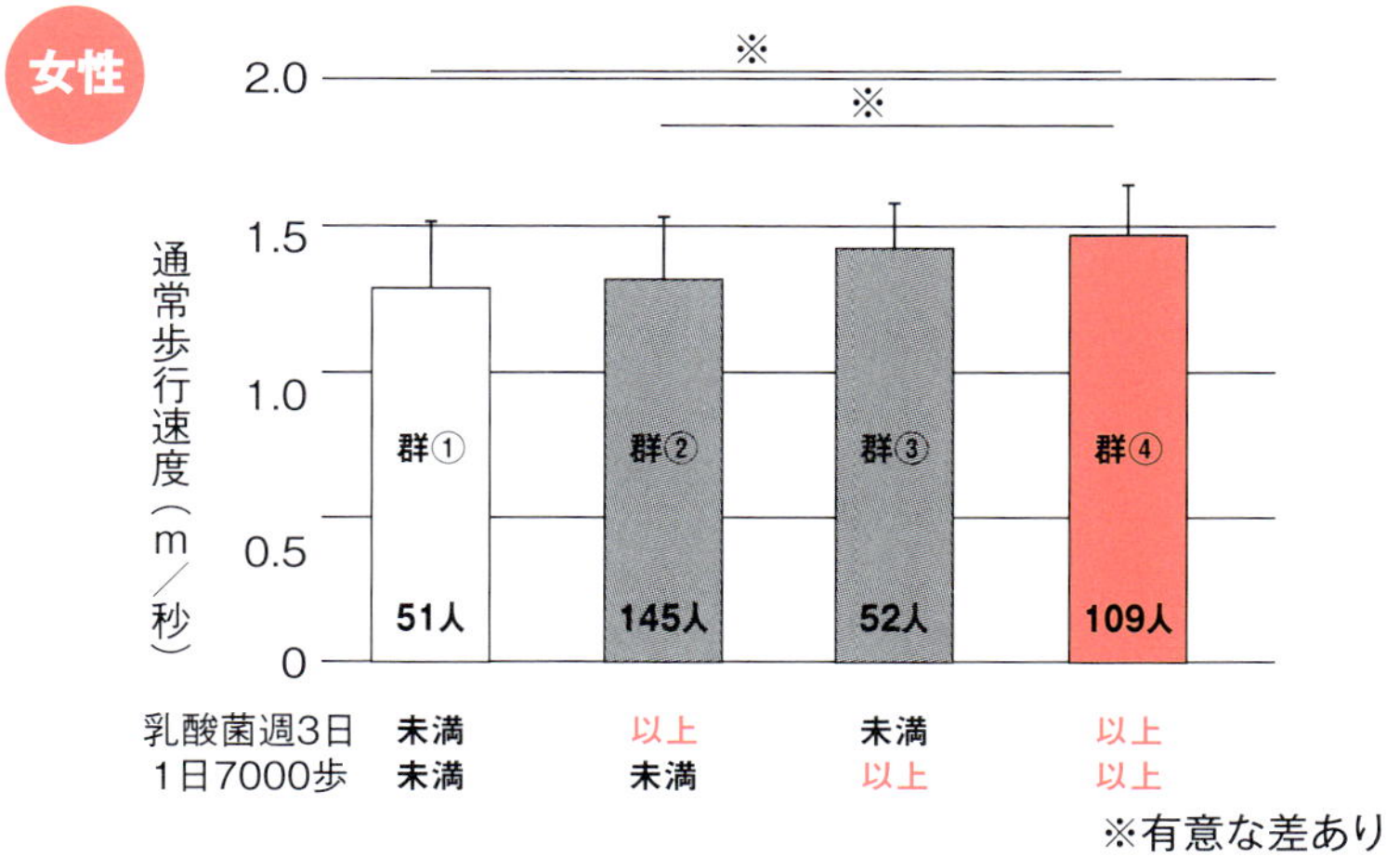

男女とも、乳酸菌摂取と身体活動を組み合わせると、通常歩行速度はもっとも高い値を示した

※出典:島本ほか（2024）

運動を併せて行うと便秘リスクが低減

乳酸菌＋長生き歩きで便秘も解消

乳酸菌＋運動の相加効果は、便秘の研究でも明らかにされています。中之条町に住む高齢者338人を対象に、1カ月間の乳酸菌摂取頻度、身体活動量（運動量）、排便頻度を調査し、3者の関係を分析しました。

乳酸菌（シロタ株を含む乳製品）だけの結果では、乳酸菌摂取が週0～2日の群の便秘リスクを1とすると、週3～5日のリスクは0・493、週6～7日のリスクは0・382と、摂取頻度が増すにつれてリスクが下がることがわかりました。

さらに、乳酸菌の摂取頻度と1日の歩数を基にした身体活動量の組み合わせで便秘リスクを調べたところ、乳酸菌摂取が週0～2日＋1日7000歩未満の群の便秘リスクを1とすると、**乳酸菌摂取が週3日以上＋1日7000歩以上の群は0・1台と、組み合わせに応じて明らかに便秘リスクが低くなることがわかりました。**

乳酸菌の摂取頻度&1日あたりの歩数と便秘リスク

1日7000歩未満

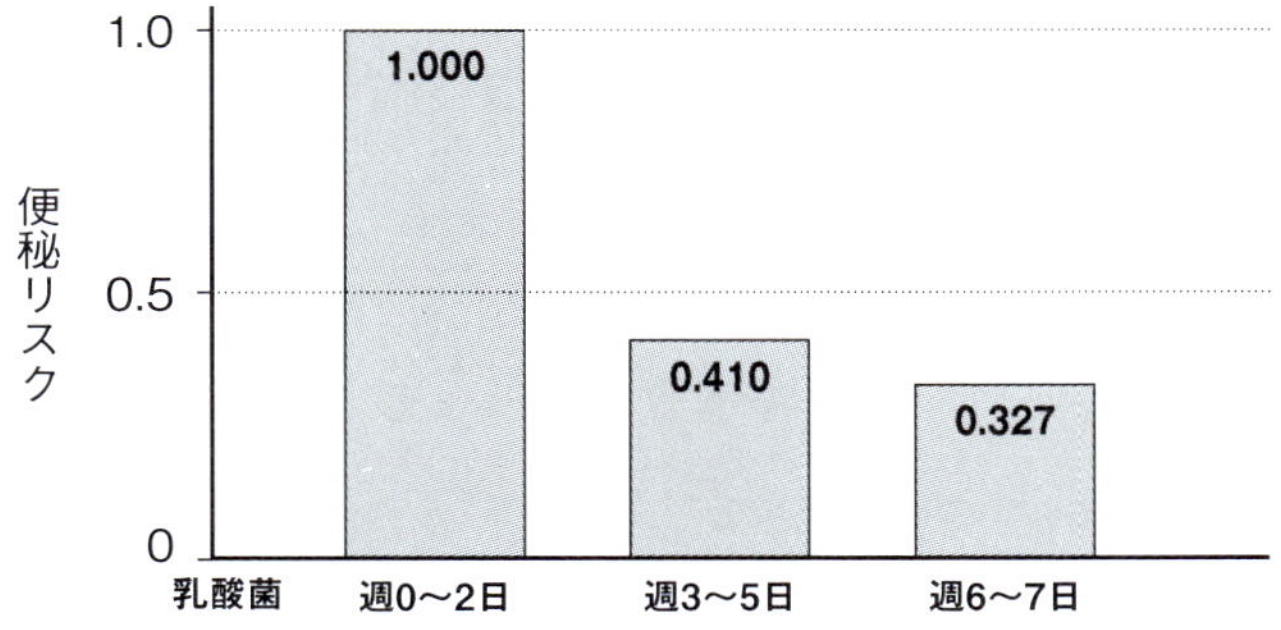

1日7000歩以上

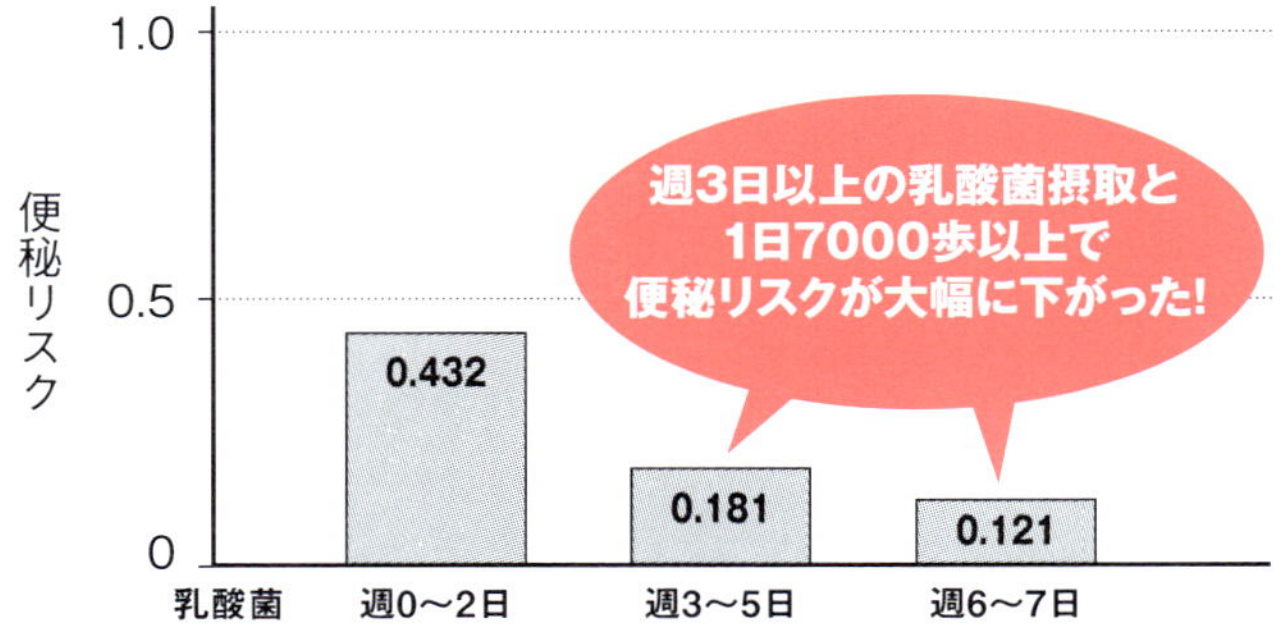

※出典:青柳幸利監修「中之条研究20年のまとめ　健康長寿の秘訣は“歩き方の黄金律”にあった」

週3回以上の乳酸菌摂取が高血圧症を予防

乳酸菌をとると高血圧症になりにくい

乳酸菌（シロタ株を含む乳製品）をとると高血圧症が発症しにくいことは、これまでの研究でも明らかになっています。

たとえば高血圧症を発症させた動物に乳酸菌を与えて、血圧が下がることを示した研究があります。

また、高血圧症の人に大量の（濃縮された）乳酸菌を2カ月とってもらい、血圧が低下したという研究もあります。

これらの先行研究に対して、筆者らは少量かつ長期間の乳酸菌摂取が、どのくらい高血圧症の発症を抑制するかを調べました。研究期間は5年間、摂取量は市販の乳製品（シロタ株を含む）です。

この研究の対象となったのは、中之条町に住む高齢者で、5年前までに高血圧症が発症していない352人です。

乳酸菌の摂取頻度と高血圧症の発症率

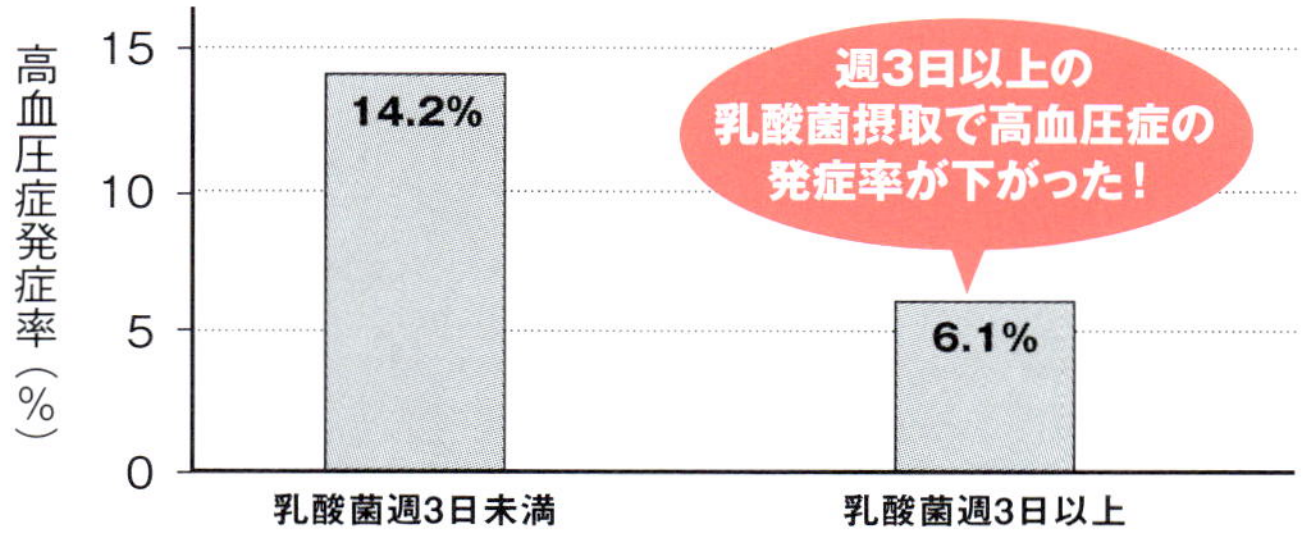

※出典:青柳幸利監修「中之条研究20年のまとめ　健康長寿の秘訣は“歩き方の黄金律”にあった」

その後の5年間において高血圧症が発症したかどうかを調べることで、どのくらいの人が高血圧症になったかがわかります。

比較したのは、乳酸菌摂取が週3日未満の群と週3日以上の群です。

まず結果として、乳酸菌摂取が週3日未満の群は、過去5年間に14・2％の人が高血圧症になりました。

これに対して、乳酸菌摂取が週3日以上の群は、過去5年間に6・1％の人が高血圧症になりました。

この結果から、**乳酸菌を週3日以上、習慣的にとっていると、高齢者の高血圧症発症リスクが下がる可能性が明らかになりました。**

乳酸菌の摂取期間が長いほど腸内環境が安定

長生き歩きも乳酸菌も継続が大事

乳酸菌は高齢者の健康をサポートする食品の1つです。本書のメインテーマである長生き歩き（8000歩／速歩き20分）は、高齢者の健康に役立つ生活習慣ですが、それに加えて、乳酸菌を習慣的にとる生活も始めてほしいと思います。

前述した高血圧症のデータも、運動と組み合わせた分析を行えば、相乗効果が得られる可能性があります。

乳酸菌＋長生き歩きは、その相乗効果で高齢者の健康長寿をしっかりサポートしてくれるでしょう。

乳酸菌も長生き歩きと同じで、継続しないと効果が維持できません。長生き歩きは2カ月で効果があらわれますが、やめて2カ月たつと、元の体に戻ってしまいます。乳酸菌も同じです。

筆者らは中之条町の高齢者の腸内環境（腸内細菌叢）も調べていますが、乳酸菌

（シロタ株を含む乳製品）を週3日以上とっている人たちは、週3日未満の人たちに比べて、腸内環境の安定性が高く、この傾向は乳酸菌の摂取期間が長いほど顕著でした。運動も食事も続けることが重要なのです。

長生き歩きも乳酸菌も、筆者らの研究で健康効果は科学的に証明されています。健康長寿のために、何か始めたいと思っている人、**とくに65歳以上の高齢者と呼ばれる年齢の人には、強くすすめたいと思います。**

長生き歩きは、歩くだけでよいのですから、こんなに簡単で安上がりな健康法はありません。

歩数は1日8000歩（平均）。大事なのはその8000歩のうち、20分間を速歩き（中強度活動）にすることです。

長生き歩きを2カ月続けると、それまで眠っていた長寿遺伝子（サーチュイン遺伝子）のスイッチが入ります。**まずは、長生き歩きを2カ月続けてみてください。**きっと何か体の変化が感じられるはずです。

【著者】

青柳幸利（あおやぎ　ゆきとし）

東京都健康長寿医療センター研究所「中之条研究」部門長（運動科学研究室長）

1962年、群馬県中之条町生まれ。トロント大学大学院医学系研究科博士課程修了、医学博士取得(1996年)。カナダ国立環境医学研究所温熱生理学研究部門(1996-1997年)、奈良女子大学生活環境学部（1997-1999年）および大阪大学医学部（1997-1999年）等を経て現職。

群馬県中之条町に住む65歳以上の全住民5,000人を対象に、25年にわたって身体活動と病気予防の関係について疫学調査を実施(中之条研究)。そこから導き出された「病気にならない歩き方の黄金律」は、世界中から「奇跡の研究」「中之条の奇跡」と称賛を浴びるほどの画期的な成果をもたらした。

そのため、高齢者の運動処方ガイドラインの作成に関する研究に従事し、種々の国家的・国際的プロジェクトの主要メンバーとして、先進諸国の自治体における老人保健事業等の展開を支援している。

近著に、『あらゆる病気は歩くだけで治る！』『図解でわかる！やってはいけないウォーキング』（ともにSBクリエイティブ）、ほか著書多数。

すべての病気が防げる長生き歩き

2025年4月1日　　初版第一刷発行

著　者　　青柳幸利
発行者　　三輪浩之
発行所　　株式会社エクスナレッジ
〒106-0032　東京都港区六本木7-2-26
https://www.xknowledge.co.jp/
問合先　　編集 TEL.03-3403-6796　FAX.03-3403-0582
販売 TEL.03-3403-1321　FAX.03-3403-1829
info@xknowledge.co.jp